Jakobspilgern mit Hund von der Ostsee zur Elbe – auf dem Hanseatenweg und der Via Baltica von Travemünde nach Hamburg

Jakobspilgern mit Hund von der Ostsee zur Elbe

auf dem Hanseatenweg und der Via Baltica von Travemünde nach Hamburg

Christian Hottas

Impressum

Bibliografische Information der Deutschen Nationalbibliothek: Die Deutsche Nationalbibliothek verzeichnet diese Publikation in der Deutschen Nationalbibliografie; detaillierte bibliografische Daten sind im Internet unter dnb.dnb.de abrufbar.

© 2025 Christian Hottas
Verlag: BoD · Books on Demand GmbH, Überseering 33,
22297 Hamburg, bod@bod.de
Druck: Libri Plureos GmbH, Friedensallee 273,
22763 Hamburg

ISBN: 978-3-7597-9660-8

INHALTSVERZEICHNIS

katholischer Dom St. Marien in Hamburg-St. Georg

VORWORT

2018 pilgerten wir – meine Partnerin Christine und ich – zum ersten Mal. Gemeinsam gingen wir den 119 Kilometer langen *Camino Inglés* von Ferrol an der spanischen Nordküste nach Santiago de Compostela. Es war eine Art „Schnupper-Pilgern" für uns: Wir wollten sehen und fühlen, wie Pilgern ist und vor allem, ob es etwas für uns ist. Nach 3 ½ Tagen kamen wir an der Kathedrale in Santiago de Compostela an – glücklich, begeistert, geflasht...

Seitdem entdecken wir – gerade in der Phase rund um unseren Eintritt in den Ruhestand – das Pilgern immer mehr als neuen Lebensinhalt und neuen Lifestyle für uns.

Und seit Juli 2021 ist bei allen unseren Wegen stets auch Kito dabei. Unser inzwischen fast sechsjähriger kleiner Pinscher-Mix, der Anfang Mai 2021 zu uns kam, ist seither ein wichtiges Familienmitglied und ein treuer, liebevoller und aufmerksamer Begleiter. Und Kito ist Pilger aus Leidenschaft.

Zweimal begannen wir unsere Pilgerreisen von Zuhause:

Im Oktober 2021 starteten wir zu dritt, also Christine, Kito und ich, **von Zuhause** in Richtung Santiago de Compostela. Da wir damals beide noch im Berufsleben standen, mussten wir diesen mehr als 3.300 Kilometer langen Pilgerweg fraktionieren und gingen auf der Via Baltica bis Wildeshausen (9 Tage / 230 km). Im Frühjahr 2022 folgten weitere zehn Tage bzw. 290 km auf der Via Baltica bis Osnabrück, von dort auf dem Osnabrücker bzw. Westfälischen Jakobsweg bis Herdecke/Ruhr. Im Herbst 2022 waren wir 18 Tage / 432 km unterwegs, wobei wir dem Westfälischen Jakobsweg bis Beyenburg, dann dem Bergischen Jakobsweg bis Köln und schließlich der Via Coloniensis (dem Kölner Jakobsweg) bis Trier folgten. Hierbei pilgerten wir auch ein Stück durch Luxemburg. Im Herbst 2023 gingen wir in 26 Tagen 555 km durch den Saargau, Lothringen und die Champagne bis ins Burgund nach Vézelay und von dort im September 2024 dann weitere 22 Tage / 505 km auf der Via Lemovicensis, einem der vier ältesten, bereits im 12. Jahrhundert dokumentierten Pilgerwege, bis Limoges. 2025 wollen wir dieses Pilgerprojekt in Santiago de Compostela abschließen.

Und im Juni 2022 starteten Kito und ich zu zweit **von Zuhause** und gingen den kompletten Jacobusweg Lüneburger Heide. Der beginnt an der Hauptkirche St. Jacobi in Hamburg und endet nach rund 200 Kilometern in Kloster Marienstatt.

Diesmal aber wollen wir **nicht <u>von</u> Zuhause aus pilgern**. Vielmehr wollen wir **von der Ostsee <u>nach</u> Zuhause pilgern**. Die Nordkirche bzw. das Pilgerzentrum in der Hauptkirche Sankt Jacobi in Hamburg bietet für diese Strecke ein vom Hamburger Pilgerpastor Bernd Lohse entwickeltes, passgenaues Kartenset mit Streckenbeschreibung von Travemünde nach Hamburg an.

Da Christine sich für März 2025 mit einer Studienfreundin zum Pilgern in Hessen verabredet hat, wollen „wir Jungs" (Kito und ich) diese Zeit nutzen und diese Pilgeridee umsetzen. Dafür veranschlage ich vier Tage. Mit einem weiteren Tag können wir unseren Weg dann bis <u>zur</u> **Elbe** fortsetzen.

VORBEREITUNG & PLANUNG

Da ich das vom Pilgerzentrum St. Jacobi in Hamburg herausgegebene **Kartenset** bereits seit 2022 sowohl als pdf-Datei als auch als gedrucktes Exemplar besitze (im Herbst 2022 waren wir schon einmal zu dritt von Travemünde bis Bad Oldesloe gegangen), hält sich mein Planungsaufwand in Grenzen.

Eigentlich beschränkt er sich auf die Anreise nach Travemünde und die Quartiere für Kito und mich, wobei wir seit rund zwei Jahren bevorzugt in Gemeindehäusern übernachten. Das hatte sich im März 2023 in Ostwestfalen einmal mangels Alternativen so ergeben und seither auf vielen, vor allem den norddeutschen Pilgerwegen sehr bewährt.

Also frage ich am 11. Januar 2025 per Mail bei den Kirchengemeinden St. Jakobi Lübeck, St. Peter & Paul in Bad Oldesloe sowie Auferstehungskirche in Nahe an. Meinen Mails füge ich drei Pilgerfotos meines kleinen Begleiters bei, liste einige seiner bisherigen Pilgererfahrungen und frage, ob der kleine 4-Pfoten-Pilger und ich dort willkommen sind.

Von St. Jakobi Lübeck erhalte ich nach drei Tagen per Mail und aus Bad Oldesloe weitere zwei Tage später telefonisch nette Zusagen. Pastorin Hahn (Nahe) hatte mir bereits am 13. Januar mitgeteilt, dass sie meine Anfrage an ihr Pilgerteam weitergeleitet hat, das sich bei mir melden wird. Diese positive Rückmeldung erreicht mich am 29. Januar. Und am 1. März bekomme ich zusätzlich von Gertrud Pfadler aus dem Pilgerteam einen sehr netten Rückruf. Ich freue mich sehr.

Mein Kartenset zur Pilgerstrecke, das mir zwischenzeitlich partiell verlorengegangen war, ist auch wieder komplett. Ich habe einige zwischenzeitlich verlegte Kartenblätter rechtzeitig auf meinem Praxis-Schreibtisch wiedergefunden.

Unsere Bahntickets für die Anreise nach Travemünde, die ich am Vortag unserer Pilgerreise online buche, muss ich ein wenig splitten, da Kito bis Reinfeld im Streckennetz des Hamburger Verkehrsverbunds (HVV) ja gratis mitfährt und ich daher nur für das Reststück Reinfeld – Travemünde ein Kinderticket für ihn benötige. So kostet mein Bahn-Ticket ab Hamburg-Poppenbüttel 22,30 € und Kitos Ticket ab Reinfeld 6,50 €.

Am Vortag unserer Tour reist Christine, meine Partnerin und Kitos Frauchen, frühmorgens zu ihrer Studienfreundin Thea nach Frankfurt. So haben Kito und ich einen Tag vorweg, an dem ich in Ruhe meine Sachen packen und letzte Verpflegung bunkern kann. Außerdem habe ich erstmals Christines Pilgerwagen (BENPACKER, Modell Trek-PACKER German Expedition / TP GEX rot) zur Verfügung. Den hatte sie sich im Herbst 2024 statt des von uns bis dahin benutzten Fahrradbuggys zugelegt, um Rucksack, Zelt, Isomatte und Schlafsack leichter zu transportieren und dabei ihren Rücken zu schonen.

Da ich gerade erst vor zwei Wochen einen schweren Infekt durchlitten habe und noch nicht wieder auf der Höhe meiner normalen Leistung bin, kommt mir die Option mit dem Pilgerwagen sehr gelegen, auch wenn ich für diese 4-5 Tage nicht so viel Gepäck brauche.

7. MÄRZ 2025
ANREISE & TAG 1 VON
TRAVEMÜNDE NACH LÜBECK
(AUF DEM HANSEATENWEG)

Unser Start und unsere Anreise sind – wie so oft – etwas holprig: Ich bin zwar kurz nach sieben Uhr auf den Beinen und habe meine Ausrüstung komplett, aber ich bin mir noch nicht so recht im Klaren, ob ich nur meinen 45-Liter-Rucksack mitnehmen will oder Christines zum Pilgerwagen passende deutlich größere (und wasserdichte) Packtasche. Ich entscheide mich für letztere, was bedeutet, dass mein halbleerer Rucksack in die Packtasche kommt, dazu mein Schlafsack, eine dünne und eine dicke Fleecejacke und unsere feste wie flüssige Verpflegung. Diese Entscheidung ist eindeutig richtig und bewährt sich so.

Wir nehmen die S 1 am Bahnhof Poppenbüttel um 9:28 Uhr. Das Umsteigen in den RE 8 von Hamburg Hbf nach Lübeck-Travemünde Strand klappt – trotz leichter Verspätung der S 1 – gut. Allerdings sitzen wir zunächst in der hinteren Zughälfte, die nur bis Lübeck Hbf fährt, und müssen somit dort in den vorderen Zugteil wechseln. Aber auch dies ist kein Problem. Um 11:26 Uhr sind wir in Travemünde Strand. Der Zug hält hier an seiner Endstation.

Das Bahnhofsgebäude Strand ist schon seit vielen Jahren nicht mehr im Besitz der Deutschen Bahn. Mehrere private Besitzer bzw. Investoren haben bereits erfolglos versucht, eine sinnvolle und wirtschaftliche Nachnutzung zu realisieren.

Direkt gegenüber entdecke ich eine Bäckerei, in der ich für uns drei Schrippen und ein Rosinenbrötchen kaufe. Kito liegt derweilen auf dem Pilgerwagen und bewacht ihn.

Bahnhof Travemünde Strand

Ostsee & Strand in Travemünde

Travemünde, Vorderreihe

Von hier bis zur Strandpromenade und zur Ostsee sind es nur rund 250 Meter. An der Promenade lasse ich Kito frei herumlaufen. Das mag und genießt er. An der Touristinformation bekommen wir unsere ersten Pilgerstempel dieser Reise. Wir folgen der Straße Vorderreihe entlang der Wasserlinie bis zur Priwallfähre und erreichen wenig später die **St. Lorenz Kirche.** Sie wurde 1235 erstmals erwähnt. Nachdem sie 1522 beim Stadtbrand zerstört worden war, wurde sie 1537/38 als langgestreckte Backstein-Saalkirche wiederaufgebaut.

2022 hatten wir leider Pech gehabt. Damals war sie verschlossen gewesen. Heute jedoch ist sie geöffnet, so dass Kito und ich sie besichtigen können. Die erste Kirche auf einer Pilgerreise ist für mich immer wieder etwas Besonderes. Schön sind hier auch die erst 1990 wieder freigelegten alten (ursprünglichen) Malereien der Holzdecke, die lange Zeit hinter einer Zwischendecke verborgen waren.

St. Lorenz Kirche Travemünde, alte Deckenmalereien

St. Lorenz Kirche Travemünde von der Torstraße aus gesehen

Da die St. Lorenz Kirche keinen Pilgerstempel ausliegen, lasse ich unsere Pilgerpässe nebenan beim Verein für Heimatgeschichte der Hansestadt Lübeck Ortsteil Travemünde, kurz: **Heimatverein Travemünde e.V.**, der in der Torstraße 1 das Seebadmuseum Travemünde betreibt, stempeln.

Der **Hanseatenweg**, dem wir heute folgen, ist kein historischer Pilgerweg, sondern ein Wanderweg und Radweg, der die Hansestädte Osnabrück, Bremen, Hamburg und Stettin verbindet. Er wurde ab 2006 durch den Regionalverband Nord der Naturfreunde Deutschlands realisiert und soll an die Bedeutung der Hanse im Mittelalter und der frühen Neuzeit erinnern. Während sein niedersächsischer Wegabschnitt seit langem nicht mehr betreut wird und die Wegzeichen verfallen, ist der östliche Abschnitt ab Hamburg gut gepflegt und mit Karten dokumentiert. Er führt von Hamburg über Lübeck, die mecklenburgischen Hansestädte Wismar und Rostock, die vorpommerschen Hansestädte Stralsund und Greifswald bis zur hinterpommerschen Hansestadt Stettin. Östlich von Greifswald führt ein Abzweiger über die Hansestadt Wolgast und die Insel Usedom nach Swinemünde.

Markierungszeichen des Hanseatenwegs an Bäumen und auf Hinweistafeln ist eine **weiße stilisierte Hansekogge**.

Es ist inzwischen 12:15 Uhr, als wir weitergehen. Der Hanseatenweg folgt eigentlich dem Ufer der Trave, aber der schönen alten Häuser wegen gehen wir von der St. Lorenz Kirche aus die **Torstraße**, die nach gut 200 Metern dann **Travemünder Landstraße** heißt. Weitere 120 Meter später biegen wir halbrechts in den **Teutendorfer Weg** ab, überqueren auf ihm die Bahnschienen und wechseln danach sofort nach links in die **Ivendorfer Landstraße**, die rechts von einem Geh-/Radweg begleitet wird.

Wir orientieren uns nicht nur am **von Pastor Bernd Lohse erstellten Kartenset**, sondern zugleich auch an **Detlef Gehrings Wegbeschreibung von 2019 (im Anhang seines Buchs „Via**

Baltica, Band 2, Von Lübeck nach Wedel), in der der Autor, den ich persönlich sehr schätze, auch immer wieder auf Diskrepanzen zwischen dem Verlauf des Hanseatenwegs und dem im Kartenset vorgegebenen Weg aufmerksam macht.

Das Wetter ist heute traumhaft, vor allem für Anfang März: Der Himmel ist wolkenlos. Die Sonne scheint pausenlos bis zu einem herrlichen Sonnenuntergang gegen 18:10 Uhr. Und das Thermometer klettert bis auf 14 °C. Das bedeutet für uns beide zugleich „viel trinken!".

Eigentlich hätten wir in **Ivendorf** bereits direkt hinter dem Campingplatz nach rechts in den Frankenkrogweg abbiegen können, aber wir bleiben noch ein wenig auf der Ivendorfer Landstraße und biegen erst 450 Meter später nach rechts in die Ovendorfer Straße ein. Sie ist nur als Radwegroute markiert, nicht jedoch als Hanseatenweg. Aber das liegt daran, dass der von Pastor Lohse erstellte Kurs des Kartensets halt nicht zu 100 Prozent dem Hanseatenweg folgt.

Den **Hofladen** des Hofs Thorn (Ovendorfer Straße 25, www.hof-thorn.de) in der 200 Jahre alten Fachwerkscheune lassen wir links liegen. Sie wäre aber im Sommer auch eine geeignete erste Rastgelegenheit. Der weitere Verlauf der Ovendorfer Straße zwischen Ivendorfs Ortsende und Ovendorf hat keinen Geh-/Radweg. Heute ist hier jedoch kaum Verkehr, so dass uns dies nicht stört. Auf einer Brücke überqueren wir die B 75 und passieren kurz danach das Heidelbeerfeld des Hofs Thorn, dessen Saison aber erst im Juli/August ansteht.

In **Ovendorf** biegt unser Weg gleich nach wenigen Metern nach links in die Straße Am Mühlenberg ab, die bald darauf nach dem Ortsausgang ihren Namen in Pöppendorfer Hauptstraße ändert. Ihr folgen wir insgesamt einen Kilometer und biegen dann in **Pöppendorf** nach rechts in die Straße Am Ringwall ab.

Blick vom Pöppendorfer Ringwall auf den Redder in Richtung Großsteingrab

Der **Pöppendorfer Ringwall**, den wir nach 300 Metern erreichen, ist ein erstes Highlight dieses Tages und einer der

19

besterhaltenen und ansehnlichsten slawischen Burgwälle in Ostholstein. Er wurde im 8. Jahrhundert auf einer Anhöhe neben einer feuchten Niederung von den Wagriern, einem von vier Stämmen der Obodriten, errichtet und war vermutlich ein Fürstensitz mit einer dazu gehörenden Siedlung, die sich gleich im Südwesten der Burg befand. Die Burg hat einen Durchmesser von etwa 100 Metern und eine Höhe von 8-12 Metern. Möglicherweise – darauf lassen jedenfalls Keramikscherben schließen – befindet sich unter der Burg im Wallinneren eine Megalithanlage aus der Jungsteinzeit. Um das Jahr 1000 wurde die Pöppendorfer Wallburg aufgegeben, möglicherweise zugunsten der zu jener Zeit entstandenen Königsresidenz *Liubice*, die an der Mündung der Schwartau in die Trave lag und die Vorgängersiedlung Lübecks ist.

Oben auf dem Ringwall legen wir unsere erste ausgiebige Rast ein. Nachdem wir wieder aufgebrochen sind, erreichen wir über einen *Redder* (eine beidseits von Knicks gesäumte Straße) nach 650 Metern das **Waldhusener bzw. Pöppendorfer Großsteingrab**. Diese Megalithanlage der Trichterbecherkultur entstand zwischen 3500 und 2800 v. Chr.; sie hat eine Länge von etwa 6 m und mit dem vorspringenden Zugang eine Breite von etwa 3,7 m. Das Grab besteht aus großen Findlingen, zwölf Tragsteinen und vier Decksteinen. Zehn Trägersteine und drei große Decksteine bilden die Kammer, zwei Trägersteine und ein kleinerer Deckstein bilden den Gang auf der südlichen Seite. Der das Großsteingrab einst bedeckende Erdhügel wurde 1844 abgetragen. Seine ursprüngliche Größe wird heutzutage durch einen im Abstand von etwa 3,5 m um das Großsteingrab angelegten Kreis aus 59 kleinen Findlingen widergegeben.

Erst 300 Meter hinter diesem Großsteingrab biegt der Hanseatenweg halblinks in einen Waldweg des **Waldhusener Forst**s ab. Bis hier – gut sieben Kilometer ab unserem Start – war der Weg

20

sicherlich ein guter Radweg, aber kein wirklich mitreißender Wander- bzw. Pilgerweg.

Pöppendorfer bzw. Waldhusener Großsteingrab, Blick aus Südwest

Die nächsten 1,6 Kilometer durch den Wald sind außerordentlich gut markiert und sehr angenehm zu gehen. Wir erreichen den Waldhuser Weg. 180 Meter rechts von hier, aber eben nicht auf unserem Weg, befindet sich das 1765 erbaute **Forsthaus Waldhusen**, das als *ältester Wohn- und Dienstsitz eines Försters in Deutschland* gilt. Wir folgen jedoch dem Waldhuser Weg nach links über einen beschrankten Bahnübergang und steuern auf **Kücknitz** zu.

600 Meter nach dem Bahnübergang bzw. direkt nach der Brücke über die autobahnartig ausgebaute B 75 hätten wir nun gleich rechts in die Straße **Im Brunskroog** abbiegen müssen. Allerdings finden wir kein entsprechendes Straßenschild, sondern nur ein Radwegzeichen. Stattdessen ist die Kücknitzer Hauptstraße 100 Meter später eindeutig als Hanseatenweg markiert.

Wir passieren die Kücknitzer **St. Johannes Kirche** (auf der gegenüberliegenden Straßenseite) sowie mehrere Einkaufs- und Einkehrmöglichkeiten in dieser Straße. Die St. Johannes Kirche wurde am 27.11.1910 feierlich eingeweiht und seither mindestens zweimal erweitert bzw. umgebaut.

Kücknitz ist ganz sicher auch ein geeignetes Etappenziel für alle Pilger, die es sachter angehen lassen wollen und lieber nur 15-20 Kilometer pro Tag gehen mögen.

Allerdings ist die Auswahl an Unterkünften hier ziemlich dünn. Ich finde bei meiner Internet-Recherche eine Woche später lediglich das *Hotel Waldhusen*, das direkt am Weg, unmittelbar vor dem Bahnübergang am Ortsrand, liegt. Laut Booking.com sind dort jedoch keine Hunde zugelassen.

Ansonsten käme für uns noch das *Gemeindehaus der ev.-luth. Kirchengemeinde St. Johannes* in der Dummersdorfer Str. 2 a, 23569 Lübeck, Tel. 0451 30 12 82, in Frage. Die Gemeindesekretärinnen Cathrin Sener und Katja Freudenberger sind über die angegebene Telefonnummer oder über info@kirche-kuecknitz.de erreichbar, Pastor Albrecht Martins über 0451 70 76 93 81.

Wir aber wollen heute noch zur Pilgerherberge der Hauptkirche Sankt Jakobi in Lübeck und gehen daher weiter.

Von der Kücknitzer Hauptstraße biegen wir nach ziemlich genau einem Kilometer rechts in die Straße Zum Mühlbachtal ab und haben wenige Meter später wieder ein Hanseatenweg-Zeichen. Vor dem Schwimmbad gehen wir nach rechts in ein Waldareal. Die Markierungen des Hanseatenwegs wie auch des Europäischen Fernwanderwegs E 1 sind gut und eindeutig und bringen uns zur B 75, die wir unterqueren. Über den Kirchweg gelangen wir gegen 16:10 Uhr zur Haltestelle des Shuttlebusses, der uns kostenlos durch den Herrentunnel bringt.

Die Strecke laut Kartenset sieht – abweichend von den Markierungen des Hanseatenwegs – wie folgt aus: Die Straße Im Brunskoog folgt tatsächlich dem Radwegweiser am B 75 Zubringer und verläuft dann zwischen Wald zur Linken und Bebauung zur Rechten. Nach 800 Metern biegt sie in den (zweiten) Weg nach links und 100 Meter später dann nach rechts ab. Vor dem Sportplatz des TSV Siems wäre sie erneut nach rechts abgebogen, hätte das besagte Waldareal gen Westen durchquert und an dessen Ende nach rechts über den Kieselgrund die Unterführung der B 75 erreicht. – Bei Detlef Gehring wäre dieser Abschnitt noch anders gewesen.

Der Shuttle fährt alle zehn Minuten. So lange haben wir Pause. Für die etwa 2,2 Kilometer durch den Herrentunnel bis zur Haltestelle neben dem Yachthafen auf der **Herreninsel** benötigt er nur wenige Minuten.

Als wir aus dem Shuttle aussteigen und nach einer kurzen Trinkpause um 16:30 Uhr weitergehen, ist mir klar, dass wir – bei noch ausstehenden 10-12 Kilometern und einem Sonnenuntergang gegen 18:10 Uhr – heute definitiv ein Problem mit dem Tageslicht bzw. der abendlichen Dunkelheit bekommen. Wir sollten versuchen, in den verbleibenden 1:40 Stunden aber zumindest die Wege durchs **Naturschutzgebiet Schellbruch** zu schaffen!

Von der Ausstiegshaltestelle des Shuttles aus gehen wir die Busstrecke etwa 250 m weit zurück, wobei wir den Herrentunnel überqueren und die Straße Am Kattegat erreichen. Nach einer Rechtskurve biegen wir in der nachfolgenden Linkskurve geradeaus von der Straße ab und gehen hinunter zum Uferweg (und damit zum einstigen Treidelweg) der **Untertrave**.

Wir folgen rund 500 Meter einem Damm oberhalb der Trave. Dann erreicht unser Weg nach einer Linkskurve eine Kreuzung, an der er nach rechts abbiegt und in einem (aktuell noch unbelaubten) Wald leicht ansteigt. Jenseits der Hügelkuppe geht es wieder sachte bergab zum Gothmunder Weg und dort nach links ins einstige **Fischerdorf Gothmund**.

Der Ort findet erstmals 1502 in einem Protokoll der Lübecker Ratsversammlung seine Erwähnung: *„de vischere to deme Godmunde, tegen Symesen awer liggende"* (Die Fischer zu Gothmund liegen gegenüber Siems). 1585 erhalten die Gothmunder Fischer in der ersten allgemeinen Fischereiordnung eigene Rechte. Die Siedlung diente ursprünglich als Zwischenstation, um den von der Ostsee kommenden Fischern die lange Rückreise auf der Trave zu den Lübecker Häfen abzukürzen. Der natürliche Schutzhafen ist durch einen Schilfgürtel von der Trave abgetrennt. Anfangs waren nur einfache Katen (Schutzhütten) für kurzzeitigen Aufenthalt vorhanden, später wurden feste Häuser gebaut. (Quelle: Wikipedia)

Wir biegen im Ort nach rechts in den Fischerweg ab und steigen über einen Pfad zum alten **Fischereihafen** ab.

Gleich hinter dem Ort beginnt das **Naturschutzgebiet Schellbruch**, dessen Wege offiziell für Fahrradfahrer gesperrt sind, was diese jedoch nicht wirklich interessiert. Allerdings sind sie hier sehr rücksichtsvoll. Wir folgen weiterhin dem alten Treidelweg am Trave-Ufer. Laut Karte sowie laut Detlef Gehring hätten wir ihm 2,5 Kilometer weit bis zum Ende der Großen Lagune folgen sollen, wo der Pilgerweg dann gut markiert nach links, von der Trave weg, abbiegt und nach 550 Metern eine Kreuzung erreicht. Ich finde die Beschreibung hier nicht eindeutig und biege mit Kito bereits nach 1,2 Kilometern, zwischen einem größeren Teich und der Großen Lagune, nach links ab. Diese Wegvariante ist auch als Hanseatenweg markiert. Sie folgt nun einem Hangweg mit großartiger Sicht auf die besagte Große Lagune. Wir erleben einen wunderschönen Sonnenuntergang und erreichen wenig später – 500 Meter früher als um die Große Lagune herum – die erwähnte Kreuzung, an der wir nun nach links abbiegen.

Nach einigen gut markierten Zick-Zack-Manövern sind wir – noch im letzten Tageslicht – im Lübecker Stadtteil Sankt Gertrud. Es ist überwiegend ein Wohnviertel, sieht man einmal von der St. Stephanus-Kirche, einer Apotheke, ein paar Läden und einem Café ab. Diese sind jedoch um diese Uhrzeit alle geschlossen.

Hier biegt unser Weg nach rechts in die Straße An der Hüls-
horst und 45 Meter später gleich wieder links in einen namenlo-
sen Fußweg ab. Diesem Weg folgen wir nun 500 Meter bis zum
Forstmeisterweg und biegen dort nach rechts ab.

Nach 550 Metern erreichen der Forstmeisterweg und wir eine
Kreuzung. Quer zu uns verläuft der Glashüttenweg, den wir
überqueren. Geradeaus geht es durch die Luisenstraße, und 300
Meter später erneut geradeaus durch die Eschenburgstraße, eine
900 Meter lange sehr angenehm grüne Straße mit schönen Häu-
sern. Sie mündet in die Travemünder Allee, die uns nach 950 Metern zum **Burgtor**, einem sehr gut erhaltenen mittelalterlichen
Stadttor Lübecks bringt. Von hier sind es nur noch gut 400 Meter
bis zur **St. Jakobi-Kirche Lübeck**, die wir um 18:55 Uhr erreichen.

Burgtor, Teil der mittelalterlichen Stadtbefestigung Lübecks

Um 19:00 und 19:10 Uhr rufe ich die Küsterin Marina Niemeyer
auf ihrem Handy an und spreche ihr jeweils auf ihren

Anrufbeantworter. Um 19:15 Uhr ruft sie zurück und lotst mich zur Schlüsselbox am Eingang der Pilgerherberge. Leider reflektiert das Licht der Stirnlampe so sehr, dass ich den Code zunächst nicht einzustellen vermag. Während Frau Niemeyer zu uns unterwegs ist, schaffe ich es bei Rotlicht der Stirnlampe doch, so dass wir bereits in der Herberge sind, als Frau Niemeyer eintrifft.

Wir sind die ersten Gäste seit rund fünf Monaten. Offiziell öffnet die Pilgerherberge auch erst am 1. April. Aber dies stört niemanden von uns. Da wir (Christine, Kito und ich) hier ja bereits im Herbst 2022 zu Gast waren, kenne ich mich aus und muss Frau Niemeyer mir auch nicht viel erklären oder zeigen. Wir klönen noch etwa eine Viertelstunde und machen dann jeweils Feierabend.

Als erstes versorge ich Kito mit Wasser und Trockenfutter und bereite mir dann in der Küche eine Suppe zu, in die ich Stücke einer Cabanossi gebe. Von letzteren muss ich – wenig überraschend – einige an Kito abtreten.

Nach meinen Tagesaufzeichnungen gehe ich noch eine 22-Uhr-Runde mit Kito, dusche, und noch vor 22:30 Uhr liegen wir beide in meinem Schlafsack. Wir haben dasselbe Bett wie im Herbst 2022.

Tagesdistanz: 24,7 km – **Gesamtdistanz:** 24,7 km

Erkenntnis des Tages: Wir sollten so früh im Jahr künftig doch etwas früher losgehen, um nicht unnötig in die Dunkelheit zu kommen. Heute war dies zum Glück kein wirkliches Problem, weil ich die Strecke kenne, aber in unbekanntem Terrain oder mit längerer Strecke in der Natur hätte es eines werden können. Und ja: Der Pilgerwagen ist eine erhebliche Entlastung für den Rücken, auch wenn ich mich erst ein wenig an ihn gewöhnen muss.

VIA BALTICA VON LÜBECK BIS HAMBURG, FRÜHER UND HEUTE

Die **Via Baltica** – auch **Baltisch-Westfälischer Jakobsweg** genannt – ist eine der ältesten europäischen Pilger- und Handelsstraßen. Viele Details dieser mittelalterlichen Route änderten sich jedoch mit der Zeit oder gingen aus den unterschiedlichsten Gründen verloren.

Gerade im Segment der Via Baltica von Lübeck nach Hamburg waren die von den Pilgern benutzten Altstraßen so gut angelegt, dass sie ohne zeitliche Unterbrechung genutzt und immer weiter ausgebaut wurden. Sie sind heutzutage verkehrsreiche Bundes- oder Landstraßen und nicht mehr geeignet, auf ihnen Ruhe, Entspannung und Spiritualität zu finden. Für sie mussten neue, naturnahe Parallelstrecken gefunden werden.

Zudem haben sich die Bedürfnisse und die Erwartungen der modernen Pilger sehr verändert. Dies manifestiert sich am deutlichsten in der heutigen Pilgerwegmarkierung mit den stilisierten Muschelzeichen, die es früher nicht gab.

Für manche modernen „Pilger" gelten Pilgerwege heutzutage erst als existent, wenn sie – am besten perfekt und lückenlos – markiert sind, es genaue Wegbeschreibungen im Web oder als Print und am besten auch noch Tracks gibt. Diesen Luxus gab es früher nicht. Vielmehr mussten sich die Pilger so durchschlagen und irgendwelchen Straßen oder Wegen folgen, die auch von Händlern, Kurieren, Viehherden, Kutschen u.a. genutzt wurden.

Die Revitalisierung der Via Baltica begann im März 2006 mit einem Jakobspilgertreffen in Weitenhagen bei Greifswald. An diesem nahmen 18 Personen teil, die den Verlauf der Via Baltica von der deutsch-polnischen Grenze bis nach Osnabrück unter sich aufteilten.

Der „Hamburger Pilgerkreis", der den Abschnitt zwischen den Hansestädten Lübeck und Hamburg übernommen hatte, traf sich damals alle drei Monate. Es bestanden zudem auch Kontakte zu den *Naturfreunden*, die gerade den *Hanseatenweg „Vom Baumwall zum Priwall"* konzipierten, und zum *Wanderverband Norddeutschland*, der bereits 20 Jahre zuvor den *Stormarnweg* von Reinbek (im Sachsenwald) nach Reinfeld und dann weiter nach Lübeck entworfen und markiert hatte. Alle drei Wege sind im Bereich zwischen Lübeck und Reinfeld heute fast deckungsgleich, weichen nur ab und zu geringfügig voneinander ab. Jeder Pilger kann sich heutzutage in diesem Segment also auch gut an den Markierungen der beiden anderen Wege orientieren.

Historisch korrekt erscheinen gleichwohl zwei andere Routen: 1.) die direkte Handelsstraße von Lübeck nach Hamburg, die die Pilger bis mindestens ins 16. Jahrhundert nutzten, führte, wie die altgedienten Feldsteinkirchen unterwegs belegen, **über Sandesneben, Siek und Alt-Rahlstedt nach St. Jacobi in Hamburg, 2.) eine ebenfalls direkte Route über Bad Oldesloe, Bargteheide, Bergstedt und Bramfeld nach Hamburg.** Setzt man diese zweite Route ab Bargteheide über Ahrensburg und Wandsbek nach Hamburg fort, so entspricht sie der hinzugekommenen **Hamburg – Lübecker Chaussee von 1843, der heutigen B 75.**

Das Manko dieser Streckenführungen besteht nun aber darin, dass sie auf inzwischen durchgehend asphaltierten Landstraßen und Radwegen verlaufen. Das mögen Fahrradpilger gut finden, Fußpilger aber eher nicht.

Daher wählte der Arbeitskreis eine neue, historisch zwar nicht korrekte, aber Pilger-freundliche Route entlang Trave, Beste und Alster bzw. entlang des historischen Sachsenwalls aus, die zudem auch das Benediktinerkloster Nütschau mit einbindet.

Mit Unterstützung der Deutschen St. Jakobus-Gesellschaft (DSJG, Aachen) gelang es in der Folge, die ersten 400 Aufkleber und 100 Plaketten für die Wegmarkierung zu bekommen und bei den zuständigen Behörden in Reinfeld, Stadt und Amt Bad Oldesloe, Grabau, Nahe und Wedel die notwendigen Genehmigungen zur Wegmarkierung einzuholen. Lediglich die fünf Hamburger Bezirksämter, durch die der Weg gehen sollte, verweigerten sich zunächst. Abhilfe kam dann von der Umweltbehörde, deren Verantwortlicher für die nicht motorisierten Wegesysteme die Genehmigung erteilte und dies den Bezirksämtern mitteilte.

Auch die Pastoren der evangelischen Kirchengemeinden am Pilgerweg wurden informiert und zeigten sich sehr aufgeschlossen. So entstanden die ersten, bis heute fortbestehenden Angebote an Pilgerunterkünften.

Im Anschluss an die 750-Jahr-Feier der Hamburger Hauptkirche St. Jacobi, die im Mittelalter Zwischenziel der skandinavischen und norddeutschen Pilger gewesen war, gelang es, auch diesen wichtigen Partner miteinzubinden. So fand hier auch am 9. September 2006 die Gründungsversammlung der DSJG-Region Norddeutschland mit 48 Gründungsmitgliedern statt.

Und auch die feierliche Eröffnung des Via Baltica-Abschnitts von Lübeck nach Hamburg und weiter nach Wedel am 26. April 2008 wurde hier in St. Jacobi gefeiert. Das Motto des Festgottesdienstes lautete damals: „Aufbruch in Hamburg zur St.-Jakobus-Pilgerschaft".

Damit war, wie die WELT in einem am 23. April 2008 erschienenen Artikel erklärte, die komplette Strecke von der Ostsee bis Santiago de Compostela für Jakobspilger begehbar.

Im selben Jahr richtete **St. Jacobi Hamburg** die Stelle eines speziell für die Pilger, ihre Wege und Anliegen zuständigen Pilgerpastors ein. Erster Pilgerpastor war seit 2008 **Bernd Lohse**, der im 16. Februar 2024 in den Ruhestand ging. Sein Nachfolger ist seit dem 18. Februar 2024 **Frank Karpa**.

Auch die Hauptkirche **St. Jakobi Lübeck** hatte mit **Kathrin Jedeck**, die am 1. April 2024 in den Ruhestand trat, eine Pilgerpastorin. Ob diese Stelle nachbesetzt wurde oder dies geplant ist, konnte ich nicht in Erfahrung bringen.

Die damals von 2006 bis 2008 konzipierte Strecke musste in den Folgejahren im Bereich sowohl des Brenner Moores (zwischen Bad Oldesloe und Kloster Nütschau) als auch des Nienwohlder Moores (zwischen Sülfeld und Nahe) angepasst werden, nachdem sich dort jeweils – vor allem in der dunklen und kalten Jahreszeit – Pilger verirrt oder mit Überschwemmungen zu kämpfen hatten

Quellen:
Hermanns, Prof. Dr. Manfred: Radpilgerweg Lübeck - Hamburg als Alternative. Internet-Publikation in: my heimat vom 15.1.2013, https://www.myheimat.de/luebeck/c-kultur/radpilgerweg-luebeck-hamburg-als-alternative_a2482407

Hermanns, Prof. Dr. Manfred: Zweiter alternativer Pilgerweg Lübeck – Hamburg. Internet-Publikation in: my heimat vom 7.3.2013, https://www.myheimat.de/luebeck/c-kultur/zweiter-alternativer-pilgerweg-luebeck-hamburg_a2497000

Klaus Letulé: Entstehung des Teilstücks der VIA BALTICA von Lübeck nach Wedel. in: STERNENWEG Nr. 62, 34. Jg. 2021, herausgegeben von der Deutschen St. Jakobus-Gesellschaft (DSJG)

Artikel in der WELT vom 23.04.2008

8. MÄRZ 2025
TAG 2 VON LÜBECK VIA REINFELD NACH BAD OLDESLOE (VIA BALTICA)

„Verlasst euch stets auf den Herrn, denn Gott, der Herr, ist ein ewiger Fels. **Jesaja 26,4**

Dieser Bibelspruch auf dem Schreibtisch in unserem Zimmer der Pilgerherberge St. Jakobi Lübeck bietet sich uns bei unserem Aufbruch als eine Art Tageslosung an.

Da wir gestern keinen hiesigen Pilgerstempel bekommen hatten und Frau Niemeyer uns erzählt hatte, dass wir den bei ihrem Kollegen bekommen würden, der um 10:00 Uhr die Kirche aufschließt, stehen wir erst kurz vor acht Uhr auf. Ich ziehe mich an und gehe mit Kito den letzten Wegabschnitt unserer gestrigen Strecke zurück bis hinaus vors Burgtor. Jetzt kann ich hier auch schöne Fotos machen.

Lübecks Vorgängersiedlung, das vor 819 von Slawen gegründete *Liubice* gab dem heutigen Lübeck seinen Namen. Liubice lag an der Mündung der Schwartau in die Trave, also nördlich des gestern von uns durchwanderten NSG Schellbruch. Seit dem 10. Jahrhundert war Liubice als Hauptstadt der Polaben neben der Residenz der Wagrier *Starigard* (Oldenburg in Holstein) die wichtigste Siedlung der slawischen Abodriten. (Polaben und Wagrier waren beide Hautstämme dieses slawischen Volks und seines Siedlungs- und Herrschaftsgebiets).

Nach ihrer Zerstörung 1138 wurde Liubice – nun unter dem Namen *Lubeke* – von Adolf II., Graf von Schauenburg und Holstein, 1143 in ihrer heutigen Lage auf dem Hügel Buku neu gegründet und mit allen Stadtrechten ausgestattet. Lübeck prosperierte von Anfang an und bildete mit Hamburg auf dem Landweg eine bedeutende und handelslukrative Städteverbindung. Spätestens seit der Verlegung des Bistums von Oldenburg nach Lübeck 1163 durch Heinrich den Löwen war Lübecks regionale Bedeutung herausragend.

Lübeck war von 1226 bis 1937 eine reichsunmittelbare Stadt bzw. ein Stadtstaat. Als Hauptort der Hanse gehörte Lübeck im 13. und 14. Jahrhundert zu den bedeutendsten Städten Nordeuropas. Die erhaltenen Bereiche der Lübecker Altstadt mit über tausend Kulturdenkmalen gehören seit 1987 zum UNESCO-Welterbe. Darunter befinden sich einige bedeutende Bauwerke mittelalterlicher Backsteinarchitektur, wie die Lübecker Marienkirche, das Rathaus, einer der ältesten Dome an der Ostsee, das Heiligen-Geist-Hospital, das Holstentor oder das Burgtor. Bekannt ist die Stadt außerdem für ihre sieben Türme und das Lübecker Marzipan. (Quelle: Wikipedia)

Burgtor von Norden, also stadteinwärts

Blick durchs Burgtor in die Große Burgstraße

Heiligen-Geist-Hospital von der Jakobikirche aus; die Häuser links sind u.a. Pastorenwoh-
nungen der Kirche.

Das **Burgtor**, durch das wir gestern Abend die historische Innenstadt betreten hatten und jetzt bei Kitos Morgenrunde gehen, ist das nördliche von ehemals vier Stadttoren der Lübecker Stadtbefestigung. Neben dem Holstentor ist es das einzige, das noch erhalten ist. Es hat seinen Namen nach der alten, hoch über der Trave gelegenen Lübecker Burg, die 1227 zum Burgkloster umgebaut wurde. Durch das Tor führt die Große Burgstraße zum Stadtzentrum. Das heute noch erhaltene Burgtor war das innerste von einst drei Toren, die den einzigen Landzugang zur Lübecker Innenstadt absicherten.

Nachdem wir durch die **Große Burgstraße** wieder zur Pilgerherberge zurückgegangen sind, lasse ich Kito dort und gehe nochmals kurz alleine los. Zum einen kaufe ich Getränke und Weingummi für mich, und zum anderen besichtige ich das **Heiligen-Geist-Hospital**. Es wurde 1227 als Stiftung gegründet und ist eine der ältesten bestehenden Sozialeinrichtungen der Welt sowie die bedeutendste nordeuropäische Stiftung mittelalterlicher Wohlfahrtspflege. Das im Stil der Backsteingotik errichtete, 1286 vollendete Gebäude des Heiligen-Geist-Hospitals ist eines der wichtigsten Baudenkmäler der Stadt. Dem Hospital gehörten in und um Lübeck herum zahlreiche Ländereien, deren Einkünfte ausreichten, um die Armen und Kranken zu versorgen und andere Einrichtungen zu unterstützen.

Die Bewohner des Hospitals waren einer klosterähnlichen Regel unterworfen, doch erhielten sie Nahrungsmittel und acht Mal im Jahr ein warmes Bad. Nach der Reformation wurde das Hospital in ein Altenheim umgewandelt, das bis heute erhalten blieb. Ursprünglich standen die Betten der Hospitalbewohner in der Halle. 1820 wurden vier Quadratmeter große, hölzerne Kammern gebaut, getrennt nach Geschlechtern. Die Abteilungen sind nach oben offen. Es gibt zwei Längsgänge zwischen den Reihen der aneinander gebauten Kammern, an deren Türen man noch heute

Namen und Nummern der damaligen Bewohner sehen kann. Bis 1970 waren die Kammern bewohnt.

Das Hospital ist geöffnet und ich kann in Ruhe die große Eingangshalle und ein kurzes Stück eines Ganges besichtigen und in einige der winzigen Kammern schauen.

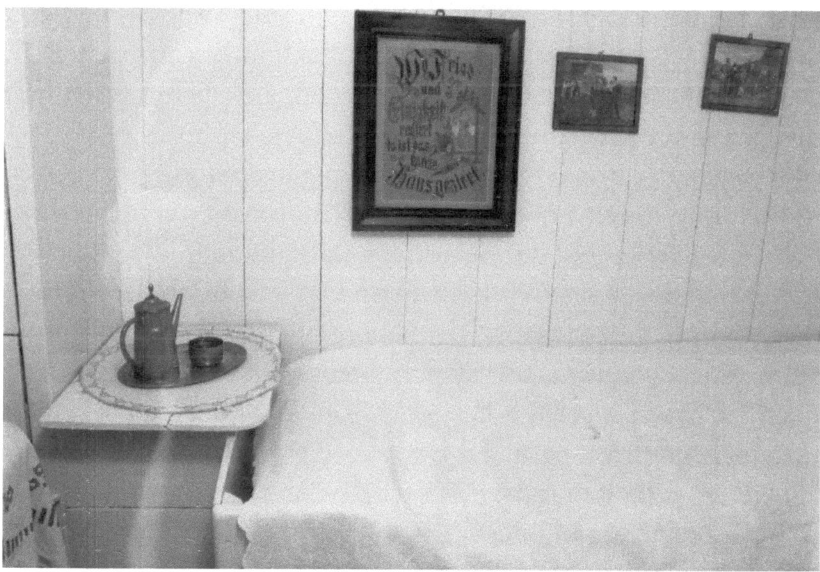

4 qm kleine Wohnkammer im Heiligen-Geist-Hospital, so wie sie bis 1970 bewohnt war

Auf dem Rückweg zu Kito gehe ich – inzwischen ist es 10:15 Uhr – zur **Hauptkirche St. Jakobi**. Die Jakobikirche wurde erstmals um 1227 urkundlich erwähnt. Sie war damals eine romanische Hallenkirche, die 1276 dem großen Stadtbrand zum Opfer fiel. Um 1300 wurde sie als dreischiffige Backsteinhallenkirche wiederaufgebaut und 1334 als Kirche der Fischer und Seefahrer geweiht. Ihr Namenspatron ist Jakobus der Ältere, was belegt, dass sie bereits von Beginn an auch eine besondere Bedeutung für die aus Skandinavien durchziehenden Pilger hatte. Immerhin liegt Lübeck an gleich drei Jakobswegen, der aus dem Baltikum nach Westfalen führenden *Via Baltica*, der von Puttgarden nach Eisenach reichenden *Via Scandinavica* und der aus Viborg kommenden *Via Jutlandica*, deren Ostarm hier in die Via Baltica mündet. (Der Westarm erreicht die Via Baltica in Harsefeld.)

Ich besichtige die Kirche in Ruhe, bekomme aber keinen Pilgerstempel, da der kleine Verkaufsbereich am Eingang nicht geöffnet ist. Da ist jedoch kein Weltuntergang, und Frau Niemeyer mag ich deswegen – auch aus Zeitgründen – nicht extra behelligen. Also gehe ich die wenigen Meter zur Pilgerherberge, und um 10:40 Uhr sind der 4-Pfoten-Pilger und ich wieder unterwegs.

Wir folgen der Breiten Straße, einer Fußgängerstraße, in Nord-Süd-Richtung durch Lübecks Zentrum und passieren dabei die **St. Marien-Kirche** und das historische **Rathaus** zu unserer Rechten. Am Rathaus halten wir kurz an und lassen uns an der Pforte einen Stempel geben. Es ist ein Behördeneingangsstempel mit Datum, aber immerhin. Wir steuern weiter auf den **Dom** zu, an dessen Turm wir rechts vorbei gehen. Leider ist der Zugang mit Bauzäunen großräumig abgesperrt, so dass wir uns auch hier nicht weiter aufhalten. Unser Tag wird eh lang genug werden.

Wir passieren den Mühlenteich zu unserer Linken, überqueren die Trave und folgen ein Stück ihrem rechten Ufer.

gepackter Pilgerwagen vor unserem Bett in der Pilgerherberge

Eingangsbereich des Lübecker Rathauses

Inzwischen steht die Sonne hoch am Himmel und ist es richtig warm geworden. Wir unterqueren die Possehlbrücke und gehen nach einem 180°-Bogen hoch zu ihr. Oben an der Brücke gibt es zwei gleichrangige, mit Muschelzeichen markierte Wegoptionen: nach links und über die Lachswehrinsel am rechten Ufer der Kanaltrave entlang oder nach rechts und dem linken Ufer folgend.

Ich entscheide mich oben an der Straße, den **Muschelzeichen nach rechts über die Possehlbrücke** zum linken Ufer der **Kanaltrave** zu folgen. Kito ist einverstanden.

Blick von der Possehlbrücke auf die Kanaltrave; wir folgen hier dem linken Ufer.

Zunächst ist der Weg noch sehr breit, wird jedoch nach und nach schmaler und zugleich grüner. Unterwegs gibt es auch einen **Pilger-Rastplatz** mit ein paar Apfelbäumen, deren Früchte speziell der Pilgerverpflegung dienen sollen.

Nach drei Kilometern steigt unser Pilgerweg leicht an zur Stecknitzstraße, über deren Brücke wir die Kanaltrave nach rechts überqueren. Am gegenüberliegenden Ufer trennen sich dann die Via Baltica und die Via Scandinavica: Während die Via Baltica, die wir gehen, der Stecknitzstraße geradeaus zur August-Bebel-Straße folgt, biegt die Via Scandinavica hier am Ende der Brücke hinunter zum westlichen (rechten) Ufer der Kanal-Trave ab und folgt dieser weiter gen Süden.

Die August-Bebel-Straße führt uns in Lübecks Stadtteil **Moisling** hinein und mündet nach einer Rechtsbiegung 300 Meter später in die insgesamt zwei Kilometer lange Niendorfer Straße. Nach gut 400 Metern sehen wir auf der linken (gegenüberliegenden) Straßenseite die Mauern des **Jüdischen Friedhof**s, der jedoch selbst nicht einsehbar und der auch verschlossen ist. Kurz darauf nutzen wir ein Mäuerchen im Schatten einer Kiefer zu unserer bereits zweiten Trinkpause des Tages.

Am Ende der Niendorfer Straße biegt unser Pilgerweg zwischen der Überquerung der Autobahn A 20 und dem Bahnübergang nach rechts in die Straße Im Block ab. Ab hier haben wir den städtischen Teil des Wegs hinter uns und sind wieder im Grünen.

Die nächsten Kilometer gehen wir durch einen herrlichen, alten Buchenwald parallel zur Trave. Allerdings ist der Waldweg ziemlich weich und mit einer dicken Laubschicht bedeckt. Zusammen mit den reichlichen Steigungen und Wurzeln ist er durchaus anspruchsvoll und gleichermaßen zeit- und kraftzehrend. Kito indessen liebt solche Wege. Nach gut 2 ½ Kilometern erreichen wir wieder Felder und Wiesen mit flachen Wegen und gutem Untergrund. Kurz vor **Reecke**, das immer noch zum Lübecker Stadtgebiet zählt, lädt ein Hinweisschild zu einem Abstecher zur 650 Meter entfernten alten **Pilgerkirche Hamberge** ein. Diese Pilgerkirche, die wir uns 2022 angesehen haben, hat nichts mit dem heutigen Verlauf der Via Baltica zu tun, sondern liegt an einer der historischen Trassen des Pilgerwegs.

Wald zwischen Moisling und Reecke

In Klein Wesenberg sind Pilger willkommen.

Wir bleiben auf dem direkten Weg nach Reecke, wo wir am Kriegerdenkmal unter einer großen Eiche unsere bereits dritte Rast und Trinkpause des heutigen Tages einlegen. 1,4 Kilometer weiter begrüßt uns die Gemeinde Klein Wesenberg mit einem Willkommensschild, und nach weiteren 1,4 Kilometer erreichen wir kurz vor 15 Uhr die evangelisch-lutherische **Kirche Klein-Wesenberg**.

Klein Wesenberg, Kirche und Friedhof (Das Gemeindehaus liegt links.)

Ich bin von der ungewohnten Wärme (16 °C) und der Sonne ziemlich geschlaucht, und so legen wir auf einer Bank vor dem

Gemeindehaus gegenüber der Kirche eine vierte Rast ein. Kito macht ja eh alles mit, was ich ihm anbiete. Zuvor nutze ich aber die **Pilgerbox** auf einer der Außenfensterbänke des Gemeindehauses, um unsere Pilgerpässe um je einen weiteren **Pilgerstempel** zu bereichern. Im Gemeindehaus gibt es übrigens normalerweise auch eine Pilgerherberge. Allerdings sind seit Beginn des russischen Überfalls auf die Ukraine 2022 hier Flüchtlinge einquartiert, so dass die Pilgerherberge aktuell nicht zur Verfügung steht. Das ist für manchen Pilger zwar schade, aber andererseits wäre es unsinnig, diesen Wohnraum ungenutzt zu lassen.

Nach einer guten Viertelstunde raffe ich mich wieder auf. Wir gehen hinunter zur Trave, überqueren sie und steigen auf der anderen Talseite nach **Groß Wesenberg** und zur **A 20** auf. Diese Landstraße mit Geh- und Radweg zieht sich ziemlich. Dicht hinter der A 20 biegt unser Weg nach links in einen fast verkehrsfreien, asphaltierten Wirtschaftsweg ab.

Grabinschrift auf dem Friedhof Klein Wesenberg

42

Trave zwischen Klein Wesenberg und Groß Wesenberg

Matthias-Claudius-Kirche Reinfeld

Noch vor Reinfeld legen wir eine fünfte Rast ein. Offensichtlich ist meine Formkurve nach dem schweren Infekt im Februar doch nicht so gut, wie ich hoffte. Aber es geht, wenn auch langsam, weiter. Und gegen 17 Uhr haben wir endlich die **Matthias-Claudius-Kirche** in **Reinfeld** (5,6 km ab Klein Wesenberg) erreicht.

Diese (natürlich erst später nach dem in Reinfeld geborenen Pastorensohn Matthias Claudius benannte) Kirche wurde 1636 überflutungssicher auf dem Eichberg errichtet, nachdem die große und ansehnliche Klosterkirche des früheren *Zisterzienserklosters Reynevelde* nach einem Dammbruch des Herrenteichs und der dadurch ausgelösten Flutwelle zerstört worden war. Besagtes Zisterzienserkloster war 1186 auf Veranlassung Graf Adolf III. von Schauenburg von Mönchen des Klosters Loccum gegründet worden und im Laufe der Zeit zu einem der reichsten und angesehensten Klöster mit umfangreichem Landbesitz und Beteiligungen an der Lüneburger Saline aufgestiegen. Die Stadt Reinfeld geht letztlich auf diese Klostergründung zurück.

Die Mönche stauten die Heilsau zum Herrenteich auf und legten rund 60 Karpfenteiche an, die gleichwohl den Bedarf des Klosters nur unzureichend deckten, so dass das Kloster aus Lübeck zusätzlichen Seefisch hinzukaufen musste. Nach der Reformation und der damit verbundenen Säkularisation wurde das Kloster 1581 aufgelöst. Die Klostergebäude wurden in der Folge abgerissen, und mit dem Baumaterial wurde am selben Ort von 1599 bis 1604 ein fürstliches Schloss errichtet. Als wiederum das Schloss 1775 abgerissen wurde, errichtete man aus den Steinen ein Verwaltungsgebäude, das als Forstamt genutzt wurde.

Auch in der Matthias-Claudius-Kirche, die noch geöffnet ist, gibt es eine **Pilgerbox mit Pilgerstempel** sowie ein Pilgergästebuch. Für eine weitere Rast bleibt indessen keine Zeit. Wir haben bisher erst 22 Tageskilometer geschafft und noch weitere 11 vor uns. Und in 75-80 Minuten ist Sonnenuntergang. Bis dahin (oder zumindest bei gutem Restlicht) sollten wir die Trave und den Trave-Wanderweg erreicht haben.

Der weitere Verlauf des Pilgerwegs ist gut markiert, und zudem kenne ich mich von diversen Wanderungen auf dem hier meist deckungsgleichen Stormarnweg recht gut aus. Und da es jetzt spürbar kühler wird, kann ich auch mein Pilgertempo wieder leicht erhöhen. Wir kommen nun tatsächlich wieder fixer voran und erreichen um 18:45 Uhr – eine halbe Stunde nach Sonnenuntergang, aber immerhin noch mit Restlicht – die **Traveschleife** unterhalb des Waldgebiets **Kneeden** und unweit der gleichnamigen Fischerei. Damit sind wir jetzt auf dem **Travewanderweg**. Endlich ist auch Zeit für unsere sechste (und letzte) Tagesrast. Ich rufe von hier auch Frau Dahms, unsere heutige Gastgeberin, an, um ihr mitzuteilen, dass wir bis Bad Oldesloe noch 45-60 Minuten brauchen werden.

Traveschleife und Travewanderweg um 18:45 Uhr

Der restliche Wegabschnitt entlang der Trave ist nun fast flach und sehr gut zu gehen. Wir kommen fix voran, zumal Kito merkt, dass wir uns dem Ziel nähern, und zusätzlich zieht. Er hat sichtlich mehr Energie als ich. Kurz vor Bad Oldesloe zwingt uns dann eine Wanderweg-Sperrung auf eine Umleitung über die Lübecker Straße. Aber wir schaffen dennoch die 4,0 Kilometer von der Traveschleife zur ev.-luth. **Kirche St. Peter & Paul in Bad Oldesloe** bis 18:35 Uhr, also in weniger als einer Dreiviertelstunde ab unserer Pause an der Traveschleife. Die Kirche ist zu meiner Überraschung noch geöffnet. Offenbar ist gerade erst eine Veranstaltung hier zu Ende gegangen und der Abbau in vollem Gange. Ich bekomme sogar noch **Pilgerstempel** für uns beide.

Ich rufe erneut Frau Dahms an und teile ihr mit, dass wir nun in der Kirche sind. Bislang gehe ich nämlich davon aus, dass sie hier in der Nähe wohnt und uns ins Gemeindehaus einlassen wird. Sie ist erkennbar überrascht, dass wir in der Kirche sind, und fragt mich, ob ich ihre Mail mit ihrer Adresse nicht erhalten habe. Ich erinnere keine Mail und erfahre so erst jetzt, dass wir in ihrem Privathaus am Stadtrand übernachten. Bis dorthin sind es jedoch noch 3-4 weitere Kilometer! Die aber sind ohne Navi oder Smartphone eine Herausforderung.

Zunächst einmal gehen wir in die falsche Richtung. Ich frage aber bald wieder neu und werde zurück in die Innenstadt gewiesen. Drei Jugendliche meinen, ich solle in Richtung Rathaus gehen, und auf dem Weg dorthin erklärt mir ein Mann, dass ich nun richtig bin und immer geradeaus gehen muss. Irgendwann heißt die Straße dann Hamburger Straße, und irgendwann wird sie zur Durchgangs- und Bundesstraße in Richtung Hamburg. Dann kämen wir zu einer ARAL-Tankstelle und einem REWE-Supermarkt und müssten hinter dem „Glashaus" rechts abbiegen…

Noch bevor wir die Tankstelle in Sicht haben, ruft Frau Dahms mich an und erkundigt sich, wo wir sind. Und kurz nach der

Tankstelle kommt sie uns mit ihrem Australian Shepherd Rüden entgegen und führt uns das letzte Wegstück. Auf einem Wanderweg machen wir kurzzeitig beide Hunde los, die gemeinsam um uns herumtoben, und um 20:50 Uhr sind Kito und ich endlich am Tagesziel. So spät waren wir schon lange nicht mehr.

Wir parken den Pilgerwagen in der Garage und beziehen ein sehr hübsches Zimmer unterm Dach in der 2. Etage ihres Einzelhauses. Dort liegen wir erst einmal nur auf dem Fußboden und verschnaufen.

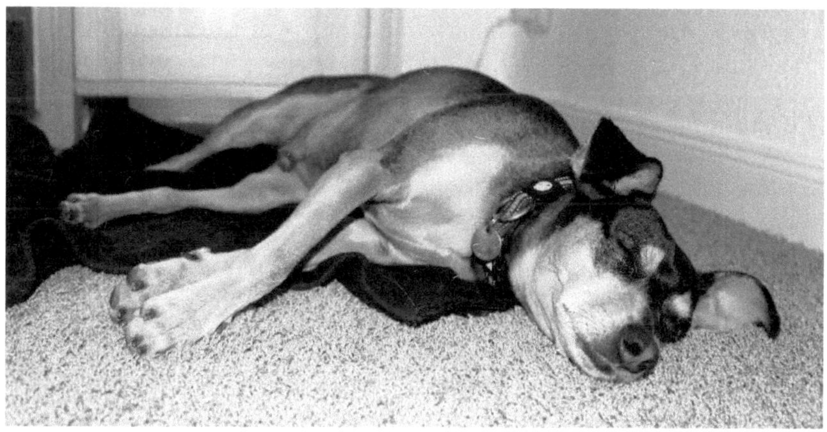

erste Erholungspause auf dem Fußboden

Erst nach rund einer halben Stunde packe ich meinen Schlafsack aus und breite ihn auf dem Bett aus. Dort finden wir auch eine Fleecedecke vor. Auf dem Nachttisch stehen eine Flasche Wasser mit Zitronensaft und ein Glas. Ich schließe noch das Ladegerät für den Kamera-Akku an, dusche und bin rasch im Bett. Die sonst übliche Abendrunde Kitos entfällt heute.

Tagesdistanz: 36,9 km – **Gesamtdistanz:** 61,6 km

Erkenntnis des Tages: Ich sollte meine Tagesstrecken im Vorfeld doch etwas genauer planen. Aber am Ende wurde doch wieder alles gut.

9. MÄRZ 2025
TAG 3 VON BAD OLDESLOE
NACH NAHE (VIA BALTICA)

Heute früh lasse ich den Handy-Wecker um 7:00, 7:10 und 7:20 Uhr klingeln und stehe dann zügig auf. Ich habe in der letzten Nacht nicht wirklich gut geschlafen, was ganz einfach daran liegt, dass gestern Abend einige Stellen meines Bewegungsapparats schmerzten und mein Puls ziemlich schnell war und immer noch ist. Da Kito ja seit unserer Ankunft hier gestern Abend um 20:50 Uhr nicht draußen war, ziehe ich mich aber nun rasch an und gehe mit ihm eine kleine Runde. Er braucht keine 200 Meter, um alle seine Anliegen zu erledigen.

Als wir zurückkommen, werde ich von Frau Dahms und ihrem Mann zum Frühstück eingeladen. Die beiden Hunde toben währenddessen im Garten herum.

Das Packen geht schnell: Da die Packtasche des Pilgerwagens für mich ja Übergröße hat, stopfe ich einfach den Schlafsack und alle anderen Sachen unsortiert hinein. So sind wir bereits um 8:30 Uhr fertig und brechen auf. Unsere Gastgeber sind wenige Minuten später auch unterwegs zu einem Termin.

Wir biegen vom Lise-Meitner-Ring wieder in den Wanderweg ein, über den wir gestern Abend kamen, und folgen ihm nach rechts, also weiter gen Norden. Nachdem wir die Grabauer Straße überquert haben, erreichen wir – gut einen Kilometer ab Start – bekanntes Terrain, nämlich die Strecke des einst von meinem Vereinskollegen Sven Peemöller veranstalteten *„Auf und Ab" Bergmarathons* unterhalb der Helene-Stöcker-Straße.

Der Wolkenweher Weg, auf den wir kurz darauf stoßen, bringt uns nach **Wolkenwehe**. Jetzt sind wir auf der markierten Ausweichroute der Via Baltica für den Fall, dass die Pilgerweg-

Strecke durch das **Brenner Moor** überschwemmt und unpassierbar ist. Rasch erreichen wir den Wanderparkplatz in der **Wolkenweher Niederung** am Westrand des Brenner Moors und damit auch wieder die „normale" Pilgerroute, die von rechts, von der Grünen Brücke, kommt.

Meine Beine sind müde und leer und mein Puls ist weiter zu schnell. Bereits vor Nütschau legen wir daher eine erste, eigentlich nicht geplante Pause auf einer Bank ein.

zwischen Brenner Moor und Kloster Nütschau

Kloster Nütschau erreichen wir gegen 10 Uhr. Die Frühstückszeit in der Cafeteria ist gerade beendet, und das dortige Hauswirtschaftspersonal putzt fleißig und bereitet die Tische für zwei geschlossene Gruppen zu Mittag vor. In der Klosterkirche findet der Gottesdienst statt. So lassen Kito und ich uns draußen auf einer Parkbank nieder. Spontan erscheint eine Mitarbeiterin der Cafeteria und bietet mir Kaffee an. Dazu serviert sie mir je ein halbes Käse- und Salamibrötchen sowie zwei halbe gekochte Eier!

49

Kloster Nütschau, einstiges Herrenhaus eines Adligen Guts der Familie zu Rantzau

Kito checkt unser Frühstück in Kloster Nütschau.

Kloster Nütschau – eigentlich das **Priorat St. Ansgar** – ist ein selbständiges Benediktiner-Priorat im Erzbistum Hamburg, das der Beuroner Kongregation angehört. Es ist eines der jüngsten Klöster überhaupt in Norddeutschland.

Nütschau wurde um 830 erstmals als Fluchtburg im Zusammenhang mit dem sogenannten *Limes Saxoniae*, der Grenzbefestigung zwischen dem germanischen und dem slawischen Siedlungsgebiet, erwähnt. 1249 hieß es *Nutzikowe*, 1271 dann *Nucekowe* und 1274 *Nutzekowe*. 1343 gehörte die Nütschauer Mühle dem Zisterzienserkloster Reinfeld. In der Nähe des Sachsenwalls entstand ein Herrensitz, der zwei Jahrhunderte später vom Grafen Heinrich Rantzau erworben wurde. Rantzau war Humanist, Vorkämpfer der Reformation und Bahnbrecher der Renaissance in Schleswig-Holstein. 1577 begann er mit dem Bau des kleinen Wasserschlosses, dem *Castrum Nutzkow*, das in seiner äußeren Bausubstanz weitgehend unverändert geblieben ist und eines der ältesten Herrenhäuser des Kreises Stormarn ist. An Heinrich Rantzau erinnert noch eine Steinplatte von 1577 am Herrenhaus. Das Dreigiebelhaus mit seinen einfachen Proportionen ist eine in Schleswig-Holstein typische Anlage dreier anein-andergebauter Häuser mit je einem großen Satteldach, wobei der mittlere Giebel der drei aneinandergebauten Häuser einen schlanken Turm mit zwei Glocken trägt. Es ähnelt sehr stark dem 1585 von Peter Rantzau, einem Cousin Heinrich Rantzaus, erbauten *Herrenhaus (Schloss) Ahrensburg*.

1777 wurde das Adlige Gut (Rittergut) Nütschau verkauft und wechselte danach bis 1951 28mal den Besitzer. Zuletzt hatte es einer unter den Nationssozialisten enteigneten jüdischen Familie gehört, die es zwar nach Kriegsende zurückübertragen bekam, die jedoch nicht wieder nach Deutschland zurückkehren wollte und es daher zum Verkauf anbot. Daraufhin erwarb der Osnabrücker Erzbischof Wilhelm Berning am 3. Februar 1951 das

Herrenhaus und Restgut in Nütschau für die Mönche der Abtei St. Joseph in Gerleve. Am 6. Mai 1951 wurde das St. Ansgar als Exerzitienhaus des Klosters Gerleve eröffnet. Am 11. November 1960 wurde St. Ansgar zum *Prioratus simplex*, einem noch von Gerleve abhängigen Kloster, und am 16. Oktober 1975 zum *Konventualpriorat*, einem selbständigen Kloster, erhoben.

Als der Gottesdienst vorbei ist und eine Kindergruppe ins Jugendhaus zieht, folge ich den Kids und finde im Jugendhaus einen Pater, der unsere Pilgerpässe **stempelt**. Gegen 10:40 Uhr raffe ich mich dann endlich auf, und wir ziehen weiter.

Auf den nachfolgenden rund drei Kilometer bis **Tralau** kämpfe ich mit jedem Höhenmeter bergan. Mehrfach bleibe ich kurz stehen, und bis Tralau brauche ich weitere zwei Pausen auf Sitzbänken. Kito ist genauso durstig wie ich und trinkt ebenso fleißig. Leider finde ich meine gestern in Lübeck gekaufte Packung mit Weingummi nicht.

hinter Tralau

Die Sonne steht wieder hoch am wolkenlosen Himmel, und das Thermometer dürfte bei 16-18 °C stehen.

Hinter Tralau folgt der Pilgerweg nun flacheren oder gar leicht abschüssigen Feld- und Waldwegen. Hier geht es mir endlich wieder besser. Wir passieren **Vinzier**, einen Ort, den ich noch nie als solchen, sondern eher als eine Häusergruppe wahrgenommen habe. Nun sind wir wieder auf Asphalt unterwegs, wobei es eher ab- als aufwärts geht. Kito pilgert seit unserem Start heute früh (mit Ausnahme der Pause am Kloster Nütschau) ohne Leine. Er bleibt schön in meiner Nähe und kommt auf Kommando stets eilig an meine linke Seite. Der Pilgerwagen sorgt bei den anderen Verkehrsteilnehmern nicht nur für Überraschung, sondern auch für Respekt.

Kurz vor **Grabau** ruft Christine an. Ihr geht es gut und mir – bis auf die Mittagswärme – auch. In Grabau, das wir über eine ansteigende Straße mit altem Kopfsteinpflaster erreichen, gehen wir zum *Dorfkrug*. Leider sind alle Tische draußen besetzt, so dass wir stattdessen den Picknickplatz auf der gegenüberliegenden Straßenseite wählen und dort rund eine halbe Stunde verweilen.

Kopfsteinpflaster vor dem Ortseingang Grabau

Von hier gehen wir die Dorfstraße hinunter und dann nach rechts in den Hoherdamm, von dem aus wir eine schöne Aussicht auf den **Grabauer See** haben. Die nach links abknickende kleine Straße Am Bahnhof bringt uns zum einstigen Bahnhof Grabau und damit zur **Trasse der ehemaligen Bahnlinie Bad Oldesloe – Henstedt-Ulzburg.** Hier gibt es seit 1996 *auf insgesamt 23,7 Kilometern Europas längsten Obst- und Gehölz-Lehrpfad mit 163 Bäumen alter Obstsorten* (Äpfel, Birnen, Zwetschgen und Kirschen.

Kito peilt nahezu jede Bank an der Trasse an, und ich nutze mindestens jede zweite zu einer kurzen Pause. Mein Beschützer läuft hier auf der alten Bahntrasse wie die meisten Hunde frei ohne Leine und ist dabei maximal entspannt. Ab und zu ergeben

54

sich nette Gespräche mit anderen Hundemenschen. Eine solche Hundehalterin verweist uns darauf, dass die Eisdiele in Sülfeld, unserem nächsten Ort auf dem Weg, geöffnet und sehr zu empfehlen ist. Das vermittelt mir durchaus einiges an zusätzlicher Motivation und Power.

ehemalige Bahntrasse, jetzt Radwander- und Pilgerweg

In **Sülfeld** führt die alte Bahntrasse mitten durch den Ort. Detlef Gehrings Wegbeschreibung ist wieder einmal super hilfreich, und so finden wir auf Anhieb das Ortszentrum sowie die dortige 1207 erstmals erwähnte Kirche, die jedoch leider verschlossen ist. Also gehen wir wieder ein paar Meter zurück, und ich frage eine Familie, ob es in der Bäckerei wenige Meter vor uns auch Eis gibt. Leider nein, aber das Eis-Café ist in der Querstraße direkt vor uns. Ich binde Kito kurz am Pilgerwagen fest, was er kennt. Während meiner Abwesenheit wird er niemanden in die Nähe des Pilgerwagens lassen. Für mich selbst kaufe ich eine Waffel mit zwei Kugeln Strawberry-Cheesecake und Omas Zitronenpudding zu je 1,90 € (!) und für Kito eine Waffel mit einer Kinderkugel Cookies zu 1,50 €. Kito schleckt sein Eis voller Hingabe, was super süß aussieht, ich aber nicht fotografieren kann, da ich ja bereits beide Hände mit seiner und meiner Eiswaffel voll habe.

Anschließend gehen wir noch den empfohlenen kleinen Umweg zu den Relikten des **Alster-Trave-Kanal**s. Dieser – und nicht die Elbphilharmonie – war Hamburgs größte Fehlinvestition aller Zeiten, zumindest in Relation zum jeweiligen Hamburger Jahresetat. Der Kanal kostete damals ein Vermögen, war jedoch nur von 1521 bis 1550 im Betrieb.

Kirche in Sülfeld

Bald darauf sind wir wieder auf der einstigen Bahntrasse. Links von uns ist das Nienwohlder Moor, rechts Wiesen und Weiden sowie schöne Knicks und Baumreihen. Ein Schild am nächsten Picknickplatz zeigt noch 5,0 km bis zum Alten Bahnhof Nahe an.

Nienwohlder Moor

ehemaliges Zugwartehäuschen südlich von Itzstedt

Einige Zeit später ruft mich Gertrud Pfadler an, unsere Ansprechpartnerin in der Pilgerherberge der Kirchengemeinde in Nahe. Ich denke, dass wir noch rund eine Stunde bis zum Tagesziel haben, und wir verabreden uns für 17:20 Uhr. Den Gottesdienst um 17 Uhr werden wir ganz sicher nicht schaffen.

Wir legen noch eine letzte kurze Rast im einstigen **Zugwartehäuschen bei Itzstedt** ein. Dies kennen wir als Start und Ziel meines hiesigen Sibirien-Marathons gut. Jetzt sind es nur noch 1,7 km zum Alten Bahnhof **Nahe**.

Ab dort muss Kito für die letzten rund 700 Meter wegen des dichten Fahrzeugverkehrs auf der B 432 wieder an die Leine. Er trägt es mit Fassung. Als wir uns um 17:20 Uhr der **Auferstehungskirche** nähern, erwartet uns bereits Gertrud Pfadler dort. Sie ist aber nicht alleine, sondern wird von ihrer Hündin Bella begleitet, womit sie für Kito gleich eine von den „Guten" ist.

Im Jugendzimmer des Gemeindehauses ist alles für uns vorbereitet: ein Feldbett mit Matratze, ein frischer Schlafsack (!) mit einer Fleecedecke, dazu Utensilien für ein Fußbad, je eine Flasche Wasser und Orangensaft, ein Platz für Kito (den Bella sogleich besetzt), eine Wasserschale, dazu der Pilgerstempel, eine Spendenbox und das Pilger-Gästebuch. Die Küche dürfen wir auch nutzen. Und dann gibt es sogar eine Dusche für die Pilger!

Als Andrea Danger, die Küsterin, erscheint, knurrt Kito nur ganz kurz, akzeptiert sie dann aber sehr schnell als ebenfalls zu uns gehörig. Wir schnacken noch ein wenig, bekommen einen Schlüssel fürs Gemeindehaus und eine Einladung zu selbstgebackenem Brot, dazu Käse, Weintrauben und Saft gemeinsam mit einer Gruppe in einem anderen Raum. Hier ist Kito vor allem auf den Käse fokussiert und daher sehr lieb. Anschließend ziehen wir uns in unser Zimmer zurück und essen noch gemeinsam eine Cabanossi. Die eingeplante Döner-Box vom knapp 300 m entfernten Imbiss entfällt somit.

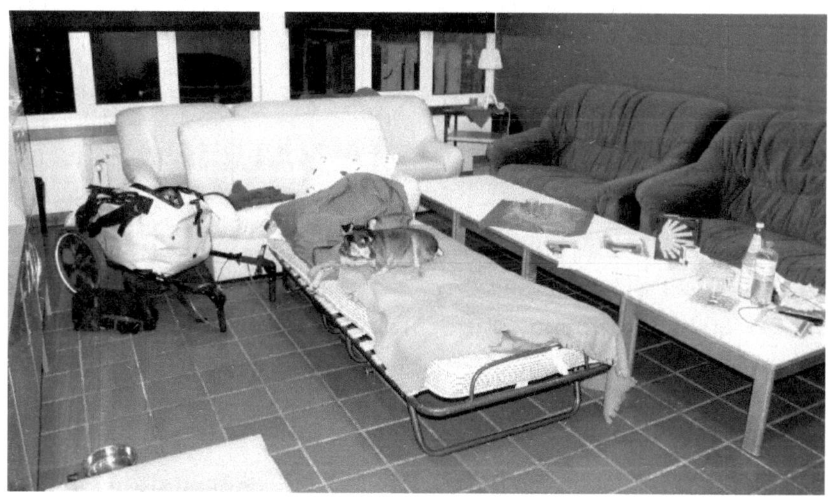

unser Pilgerzimmer im Gemeindehaus der Auferstehungskirche in Nahe

Kito liegt, während ich meine Tageserlebnisse niederschreibe, auf auf dem Bett (ich habe den hiesigen Schlafsack gegen meinen ausgetauscht) und schnarcht entspannt vor sich hin. Kurz nach 22 Uhr gehen wir auf seine Spätrunde. Danach dusche ich, und wenig später ist Nachtruhe.

Tagesdistanz: 23,1 km – **Gesamtdistanz:** 84,7 km

Erkenntnis des Tages: „When the time is right, the Lord will make it happen." (Spruch an der Wand unseres Pilgerzimmers) – oder wie ich gerne zu Kito sage: „Alles wird gut." Das betrifft auch meinen Kreislauf. Alles ist wieder so, wie es sich gehört.

10. MÄRZ 2025
TAG 4 VON NAHE BIS
NACH HAUSE (VIA BALTICA)

„Aller guten Dinge sind (leider nur) drei." Als wir uns heute an Tag 4 etwas später als sonst aus dem bequemen Bett aufraffen und um 9:00 Uhr auf Kitos Frührunde gehen, ist von dem guten Wetter der ersten drei Tage nichts mehr zu sehen. Vielmehr hüllt dichter Nebel alles um uns herum ein. Und dabei ist es hier in **Nahe** sicher nicht wärmer als 6 °C.

Im Gemeindehaus wuseln bereits ein Elektriker und die Küsterin Andrea Danger herum. Ersterer ist bald fertig. Währenddessen frühstücke ich in Ruhe mit frischem Kaffee und den Brotresten von gestern Abend. Ein paar Scheiben bereite ich auch für unterwegs vor. Vor allem aber klöne ich viel mit Andrea Danger über Kito, von dem sie außerordentlich begeistert ist (sie hat selbst einen Terrier zu Hause), über die Kirche und die hier übernachtenden Pilger. Das sind immerhin jährlich um die 100, also rund zwei pro Woche! Sie alle werden, wie auch das Gästebuch belegt, ebenso warmherzig und offen empfangen wie Kito und ich gestern.

Zwischendurch besichtige ich die **Auferstehungskirche**. Sie wurde am Pfingstsonntag 1994 vom Lübecker Bischof Karl-Ludwig Kohlwage geweiht und ist der jüngste Kirchenbau in Schleswig-Holstein. Architekt war Bertram Steingräber (Plön), der bereits 1984 das mit der neuen Kirche direkt verbundene Gemeindehaus entworfen hatte. Die seit den 1960er Jahren bestehende alte Kirche beim Friedhof wird seither als reine Friedhofskapelle weitergenutzt. Mir gefallen vor allem die schönen von Uwe Fossemer (Itzstedt) geschaffenen Bleiglasfenster und die in einer Nische links neben dem Altarraum platzierte Orgel.

Auferstehungskirche Nahe von 1994

moderne Bleiglasfenster von Uwe Fossemer in der Auferstehungskirche Nahe

Nachdem ich einige ausgelegte Pilgerartikel und -informationen fotografiert habe, packe ich schnell, und um 10:45 Uhr brechen wir endlich auf. Es ist immer noch sehr diesig, wenngleich nicht ganz so sehr wie knapp zwei Stunden zuvor. Im Gegensatz zu unseren ersten drei Pilgertagen ist es heute mit 6-8 °C darüber hinaus auch erheblich kühler. Zum Pilgern ist es angenehm, für längere Rasten aber doch eher zu frisch.

Wir gehen den Fußweg zurück zur B 432, wo ich es mir nicht verkneifen kann, mich in der nur 50 Meter abseits unseres Wegs gelegenen „Futterhütte Nahe", in der wir schon manches für Kito gekauft haben, umzusehen. Schließlich hat mein Mitpilger in rund vier Wochen Geburtstag. Ich werde auch prompt fündig und kaufe für ihn zwei hübsche Spielzeuge.

Um kurz nach elf Uhr sind wir dann endlich unterwegs. Unser Pilgerweg folgt auf den nächsten rund 5,5 Kilometern der B 432, die der historischen Straßenverbindung der 1842-1845 ausgebauten **Altona-Neustädter-Chaussee** entspricht. Außerhalb der Ortschaften gibt es einen – oft sogar durch einen Knick von der Straße getrennten – durchgehenden Geh- und Radweg. Lediglich in den Ortschaften führt der Gehweg direkt an der Straße entlang. Die Verkehrsdichte an diesem Montagmittag ist ziemlich gering.

Wir kommen gut voran und erreichen bald **Kayhude** und um 12:20 Uhr dort den **Alsterwanderweg**, dem wir bis fast nach Zuhause folgen. Der Untergrund ist auf den ersten Metern recht wurzelig und uneben, wird aber rasch besser. In einem achteckigen Pavillon oberhalb der Alster bei **Rethfurt** legen wir unsere erste Tagesrast ein. Unser Pilgerweg ist nun bestens markiert und gut und zügig zu gehen. Vor allem ist er mir ab hier von diversen Wanderungen her wohlvertraut. Ein ganzes Stück folgen wir der Wulksfelder Dorfstraße, die aber lediglich ein breiter befahrbarer Waldweg ist, an dem wir nur ein Haus mit einem logopädischen Therapieangebot wahrnehmen.

an der B 432

Diese von Soroptimist gesponsorte Wegplakette gehört zur aller ersten Wegzeichen-Generation auf diesem Abschnitt der Via Baltica und stammt noch aus der Zeit von 2006 bis 2008.

Alsterschleife in Rader Forst

Reiterhof in Duvenstedt

64

Die deutlich kühlere Temperatur tut mir gut, und auch die kürzere gestrige Tagesdistanz hat dazu beigetragen, dass ich mich heute wieder richtig gut fühle. Vielleicht ist es aber auch das Gefühl, dass wir nicht mehr allzu weit von zu Hause entfernt sind.

Als wir uns auf Höhe der **Rader Schleuse** der Alster nähern, erreichen wir einen Rundwanderweg im **Rader Forst**, den wir schon oft mit Kito und seiner Freundin Foxy gegangen sind. (Foxy ist eine Mischlingshündin aus Tansania und gehört Christines Schwester. Sie ist quasi Kitos adoptierte Cousine.) Kito reagiert überrascht, freudig, aber auch ein wenig irritiert auf den ihm sehr vertrauten Wegabschnitt. Zumindest realisiert er plötzlich, dass wir nicht allzu weit von zu Hause entfernt sind.

Offenbar haben hier im Rader Forst umfangreiche Forstarbeiten stattgefunden. Jedenfalls zeugen die Spuren schwerer Fahrzeuge sowie ausgelichtete Waldabschnitte davon. Kurz vor der **Wulksfelder Schleuse** überqueren wir den Wulksfelder Weg und gehen auf der anderen Straßenseite im Wald weiter. Rechts von uns ist die Alster, links tauchen ab und zu Felder und Wiesen auf, die zum Gut Wulksfelde gehören. Diesen Abschnitt kennt Kito nicht, und so ist er rasch wieder in seinem normalen Pilgermodus.

An einem Wegdreieck, dem wir nach rechts folgen, haben wir die **Landesgrenze zwischen Schleswig-Holstein und Hamburg** erreicht. Wir sind nun im Hamburger Stadtteil **Duvenstedt**. Nach 800 Metern erreichen wir den Duvenstedter Triftweg und kurz darauf den **Zusammenfluss der Ammersbek und der Alster**, wobei die Ammersbek deutlich größer als die weiter namensgebende Alster ist. Als wir hier eine kleine Trinkpause einlegen, ruft Christine an, die auf dem Heimweg aus Frankfurt bereits wieder den Schienenersatzverkehr in Hamburg „genießt".

Beim **Schleusenmeisterhaus** der einstigen **Wohldorfer Schleuse** überqueren wir die Straße Schleusenredder und die

Alster und tauchen etwas versetzt auf der anderen Straßen- und Flussseite – jetzt mit der Alster zu unserer Rechten – erneut in den Alsterwanderweg ab. Und 500 Meter später biegen wir in eine Straße mit dem hübschen Namen **Schlickböge** ab, die uns zur **Schlickbrücke** über die Alster bringt.

Die Wegmarkierungen des Jakobswegs wie auch des Alsterwanderwegs sind weiterhin sehr gut und nicht zu verfehlen. Zudem bin ich diesen Wegabschnitt ab Schleusenredder bis zum S-Bahnhof Poppenbüttel Ende Dezember letzten Jahres gemeinsam mit einer Gruppe meines Wandervereins gegangen.

Etwa einen Kilometer nach der Schlickbrücke erreichen wir das urige Lokal **Zum Haselknick** (https://zumhaselknick.de), eine Holzhütte mit Wein-/Biergarten, Kaffee und Kuchen sowie deutscher Küche, und den benachbarten Campingplatz. Hier ist an diesem Montag-Mittag im März nichts los. In den Sommermonaten und an den Wochenenden sieht dies aber ganz anders aus.

Bald darauf sind wir im **Naturschutzgebiet Rodenbeker Quellental**, einem eiszeitlichen Schmelzwasser-Flusssystem am Rand der Weichsel-Vereisung. Die Hügel, über die unser Weg durch schöne Buchenwälder führt, sind Grundmoränen-Relikte.

Im Sommer würde sich auch am bzw. im **Gasthaus Quellenhof** oder dem danebenstehenden Imbiss ganz sicher eine Rast anbieten. Beide haben geöffnet. Aber uns zieht es heute nach Hause. Ab hier kennt sich Kito auch lückenlos aus und würde er ganz sicher auch alleine den Weg nach Hause finden. Wir überqueren die Straße **Trillup** und gehen zwischen einer Spiel- und Picknickwiese links und der Alster rechts weiter. Der Weg steigt im folgenden Abschnitt an und erreicht die Wohnstraße **Kortenland**.

Inzwischen hat sich – es ist jetzt 15 Uhr – die Sonne gegen die dünne Wolkendecke durchgesetzt, so dass ich das letzte Stück des Tages wieder ohne Jacke, nur im T-Shirt, gehen kann.

Alsterlauf zwischen Schlickbrücke und Haselknick

Naturschutzgebiet Rodenbeker Quellental

Nach 400 Metern verlassen wir die Straße Kortenland wieder und biegen nach rechts hinunter zur Alster ab. Eine kleine Brücke bringt uns zum rechten Alsterufer, dem wir nun folgen. Nach einem Anstieg erreichen wir einen Kilometer und eine Alsterschleife später die Straße **Treudelberg**, von der wir nach links in den **Mellingburger Stieg** abbiegen. Der ist wieder unbefestigter Wander- und Radweg und bringt uns talwärts zur **Mellingburger Schleuse**, unserer vierten von heute fünf Alsterschleusen.

Die Mellingburger Schleuse wird seit einigen Wochen vom LSBG (Landesbetrieb Straßen, Brücken und Gewässer Hamburg) aufwändig restauriert. Sie ist Hamburgs letzte Holzschleuse der einstigen Alsterschifffahrt auf der damals bis Stegen (nördlich von Kayhude) schiffbaren Alster und wurde zunächst 1448 als Stauschleuse mit nur einem Wehr erbaut. 1520 wurde sie zu einer Kammerschleuse mit zwei Wehren erweitert und war damit nun auch flussaufwärts nutzbar. Die Schleusenkammer war 77,4 Meter lang und 48,7 Meter breit und konnte bis zu 20 Alsterschiffe schleusen.

Zum Einsatz kamen hölzerne Kähne, die sogenannten Alsterböcke, die 15 bis 24 Meter lang und 3,5 bis 5 Meter breit waren. Für den Häuserbau benötigte die Stadt Hamburg viel Bauholz, das aus dem noch waldreichen Alstertal transportiert oder auch geflößt wurde. Zusätzlich wurden auch große Mengen an Torf, Feldsteine, Ziegel, Segeberger Kalk und Getreide transportiert.

1573 erfolgte ein Neubau der Mellingburger Schleuse. Die Kosten für die Instandhaltung, den Betrieb und Neubau trug die Stadt Hamburg als Eigentümer der Schleusen. Als Nutzungsgebühr wurde von jedem Alsterschiff 1 Taler erhoben. (Quelle: Wikipedia)

Wir überqueren die Alster und die Schleuse und erklimmen die Anhöhe, auf der das **Schleusenmeisterhaus** steht. Dieses wurde 1520 errichtet und bis 1717 mehrfach aus- und umgebaut. Schleusenmeister waren ab dem 17. bis ins frühe 20. Jahrhundert fast durchgehend Mitglieder die Familie Timmermann. Die Schleusenmeister besaßen darüber hinaus auch das Schankrecht, womit das Schleusenmeisterhaus auch als Wirtshaus den – bei den Schleusungen wartenden – Alsterschiffern diente. Auch heutzutage gibt es hier ein Restaurant sowie in einem modernen Anbau ein 4-Sterne-Hotel. In einem Nebengebäude betreibt in den Sommermonaten ein Waliser einen Imbiss, dessen „Fish & Chips" als die besten Hamburgs gelten.

Gleich hinter den Hofgebäuden biegt unser Weg in einen abwärts führenden Pfad ab. Die Treppenstufen sind mit dem Pilgerwagen etwas lästig, aber kein wirkliches Problem. Wir erreichen und überqueren erneut die Alster, die eine Schleife gemacht hat, und folgen 1,1 Kilometer ihrem rechten Ufer.

Alsterarm als Überlauf des Poppenbütteler Schleusenteichs mit Fischtreppe

Nachdem wir wieder an linke = östliche Ufer gewechselt sind, erreichen wir kurz darauf den **Poppenbütteler Schleusenteich** und die dazugehörige **Poppenbütteler Schleuse**. Diese

Kammerschleuse mit zwei Wehren wurde erstmals 1528/29 erbaut und im Laufe der Zeit mehrfach um- und neugebaut. Aktuell existiert nur noch das obere Stauwehr. Das 1529 errichtete Schleusenmeisterhaus wurde 1643 und nochmals 1823 durch einen Neubau ersetzt. Das jetzige dritte Bauwerk wird als Restaurant „*Locks*" genutzt.

Ein als Überlaufkanal des Schleusenteichs konzipierter Alsterarm wurde 2021/2022 zu einer Fischtreppe umgestaltet. Eine solche soll es künftig auch an der Mellingburger Schleuse geben.

Wir folgen dem Alsterwander- und Pilgerweg ab der Schleuse noch 200 Meter, unterqueren dabei den Ring 3 (Saseler Damm) und biegen dann vom Pilgerweg in die **Poppenbüttler Landstraße** ab, die wir einen Kilometer leicht bergan bis zu ihrem Ende gehen. Dort biegen wir nach links in die Stadtbahnstraße und weitere 500 Meter später nach rechts in unsere Straße ab. Nun sind es nur noch 250 Meter bis nach Hause.

Kito ist spätestens seit dem Ring 3 ungeduldig und kann es gar nicht mehr erwarten, wieder nach Hause zu kommen. Er ignoriert dabei auf dem Schlussabschnitt sogar jegliche seiner sonst so interessanten Schnüffelstellen. Um 17:20 Uhr sind wir endlich dort und wieder bei Christine. Wir sind glücklich und zufrieden.

Tagesdistanz: 22,6 km – **Gesamtdistanz:** 107,3 km

Erkenntnis des Tages: Nachhause-Pilgern ist schön! Denn zu Hause und bei Christine zu sein ist doch am besten. Da gibt es bei Kito und mir keine zwei Meinungen.

11. MÄRZ 2025
TAG 5 VON ZUHAUSE ZUR ELBE
(VIA BALTICA)

Um unser Pilgerziel „Zuhause" zu dokumentieren, tragen Kitos und mein Pilgerpass nun auch die Stempel meiner Arztpraxis in derselben Straße, in der wir auch wohnen.

Als wir gegen 10:30 Uhr endlich zu unserem letzten Pilgertag dieser Reise starten, führt uns unser Weg an der Stadtbahnstraße nicht auf dem gestrigen Weg zurück, sondern in die andere Richtung. Wir gehen nämlich zunächst zu Kitos Tierarztpraxis, um meinen Begleiter zu wiegen, und tatsächlich hat er in den letzten fünf Tagen 500 Gramm abgespeckt.

Auf dem Ring 3 (Saseler Damm) gelangen wir dann zur katholischen **Kirche St. Bernhard.** Hier war ich noch nie, obgleich es eigentlich meine Gemeindekirche ist. Aber ich orientiere mich halt immer noch an der Kirche Heilig Kreuz in Volksdorf. Beide ehemals selbständige Kirchen gehören indessen seit dem 29. Juni 2014 zur neuen **Pfarrei Seliger Johannes Prassek**, benannt nach einem der vier Lübecker Märtyrer während der Zeit des Nationalsozialismus. Im Gemeindebüro St. Bernhard erhalten wir für unsere Pilgerpässe einen Gemeindestempel, allerdings mit der Adresse des zentralen Büros der neuen Pfarrei in Rahlstedt. Es gibt schlimmere Schicksale...

750 Meter weiter erreichen wir wieder den Pilgerweg genau dort, wo wir ihn gestern verlassen haben. Er folgt weiter der Alster, in diesem Fall zunächst ihrer Poppenbütteler Schleife. Hier ist Kito dank vieler Spaziergänge mit Christine quasi „zu Hause". 1,5 Kilometer später gilt das auch für mich, denn nun sind wir auf unserer Lieblings-Gassistrecke zum **Wellingsbüttler Herrenhaus** und dem **Wellingsbüttler Torhaus**.

Poppenbütteler Alsterschleife

Torhaus Wellingsbüttel von 1757, erbaut vom ersten Eutiner fürstbischöflichen Hofbaumeister Georg Greggenhofer

Das **Gut Wellingsbüttel** wurde erstmals 1296 urkundlich erwähnt, und zwar als Besitz des Klosters Harvestehude. 1412 gehörte es dem Bremer Erzbischof. Nach der Reformation wurde es Lehnsgut verschiedener holsteinischer Adelsfamilien und wurde 1643 unter Dietrich Reinkingk, dem Kanzler des letzten Bremer Erzbischofs, (lehensfrei vererbbares) Alloidalgut. Als es nach dem Westfälischen Frieden 1648 schwedisch wurde, bestätigte Königin Christine 1649 Reinkingks Besitz und seinen Status.

Von 1673 bis 1806 gehörte das Gut Wellingsbüttel der Familie von Kurtzrock, die 1750 das (damals noch kleinere) **Herrenhaus** und 1757 das **Torhaus** errichten ließ. 1806 bis 1810 war Wellingsbüttel im Besitz des dänischen Königs, 1813/14 des russischen Generals Levin August von Bennigsen, und ab 1816 wieder der dänischen Krone, die es 1818 an den Hamburger Kaufmann Hercules Roß verkaufte. 1848 erwarben es im Zug einer Versteigerung der Hamburger Großbürger Johann Christian Jauch junior (1802–1880) und sein Sohn Carl Jauch (1828–1888). Unter ihnen erlebte das Gut seine Blütezeit. (Der Fernsehmoderator und Fernsehproduzent *Günther Jauch* entstammt übrigens diesem Familienzweig der Jauchs.) Die Jauchs vergrößerten den Grundbesitz durch Zukauf erheblich und nutzten Wellingsbüttel vor allem als Landsitz und Jagdgebiet. Nach Carl Jauchs Tod 1888 kaufte die Bankierswitwe Cäcilie Behrens das Gut von den Erben. Sie gab dem Herrenhaus sein heutiges Aussehen, indem sie es durch den Architekten Martin Haller um ein Geschoss aufstocken und mit einer neobarocken Putzfassade versehen ließ. Nach ihrem Tod wechselte das Gut noch mehrfach seinen Besitzer und wurde ab 1912/13 aufgesiedelt. Heute ist Wellingsbüttel einer der gehobenen Villenstadtteile Hamburgs.

An den Wochenenden kann im Torhaus (kostenlos) das Alstertal-Museum besichtigt werden. Das einst beliebte Café im Herrenhaus indessen ist seit der COVID-Pandemie geschlossen.

Wir lassen Wellingsbüttel hinter uns und pilgern weiter alster-
abwärts, wobei Kito zunächst noch nicht wieder in seinem Pilgermodus ist, zeigt er mir doch noch einige Kilometer lang diverse
Rückweg-Optionen nach Hause an.

Mehrfach wechselt unser Weg über kleine Brücken auf die jeweils andere Alsterseite, sei es, weil die Alster sich zu dicht ihrem
steilen Talhang nähert oder weil das Gelände bis zum Hang moo-
rastig ist. Im Sommer würden wir hier jede Menge Wasservögel
mit ihrem Nachwuchs sehen und zum Abend hin Froschkonzerte
erleben können. Aber dafür ist es jetzt noch zu früh im Jahr.

Wir erreichen den Ratsmühlendamm, unterqueren ihn unter
der Ratsmühlendammbrücke hindurch und gelangen zur **Fuhls-
büttler Schleuse**. Sie hatte früher eine Schleusenkammer, ist aber
heutzutage nur noch ein Stauwehr. Hier endet der Oberlauf der
Alster mit seinem unbefestigten Naturufer und beginnt der kana-
lisierte Unterlauf mit Grünstreifen und Kleingärtenkolonien.

Alsterwanderweg und Pilgerweg im Abschnitt Hoheneichen

Da der Weg geradeaus auf dem linken Alsterufer ab der Straße
Am Hasenberge wegen Bauarbeiten gesperrt ist, wechseln wir
hier auf das rechte Ufer. Dies entspricht auch unserem Kartenset.
Wir kommen an der ev.-luth. **Kirche St. Marien Fuhlsbüttel** vorbei, die übrigens auch eine Pilgerherberge anbietet. Kito geht nun
– ohne Leine – dicht neben mir und ignoriert die teils nur 2-3 Meter neben uns grasenden zahlreiche. Graugänse und Kana-
dagänse. Unser Training zahlt sich aus.

1,1 Kilometer weiter wechseln wir über die Sengelmannbrücke
wieder ans linke Alsterufer, dem wir 2,5 Kilometer folgen. Dabei
unterqueren wir u.a. den Ring 2 (Deelböge).

An der Straße **Meenkwiese** geht es wieder auf die rechte Alsterseite. Wir überqueren nicht nur die Alster, sondern auf einem
Zebrastreifen auch die Straße und sind nun im **Park an der
Meenkwiese**. Er dient der Eppendorfer Bevölkerung als Naher-
holungsgebiet. Heute ist hier – bei bedecktem Himmel und nur
6-8 °C – kaum jemand zu sehen, aber an warmen Tagen sind hier
viele Menschen, die grillen, picknicken, lesen, spielen, klönen
u.v.m.

Die nächste Grünfläche auf unserem Weg ist der **Hayns Park**,
Restfläche des einstigen Villengartens des Hamburger Senators
Max Theodor Hayn (1809-1888), die im Zusammenhang mit der
Alsterkanalisation 1931 als öffentlicher Park freigegeben wurde.
Sie wird von einem inzwischen gelb angestrichenen runden Pa-
villon dominiert. Leider ist das Wetter immer noch zu diesig und
trüb für gute Fotos. Das war im Juni 2022, als Kito und ich von
Zuhause aufbrachen und den Jacobusweg Lüneburger Heide pil-
gerten, ganz anders.

Über die **Fährhausbrücke** wechseln wir erneut die Alsterseite,
passieren die **Komödie Winterhuder Fährhaus** und überqueren
die **Hudtwalckerstraße**. Von der Straße Leinpfad, der wir nun

folgen, aus kann ich über den Anleger der Alsterdampfer zur **Kirche St. Johannis Eppendorf** sehen, in der Christines Vater einige Jahre Pastor war. Die nach Johannes dem Täufer und dem Apostel Johannes benannte Fachwerkkirche St. Johannis ist ein Relikt der dörflichen Vergangenheit Eppendorfs. 1267 erstmals urkundlich erwähnt, ist sie einer der ältesten Sakralbauten des heutigen Hamburgs. Heutzutage ist sie eine der beliebtesten „Hochzeitskirchen" der Hansestadt.

Hier am **Leinpfad** sind wir definitiv in der Stadt. Rechts von uns liegt (hinter einer schmalen, steilen Böschung) die Alster, links die Straße, deren gegenüberliegende Seite mit vielen Villen bebaut ist. Der Straßenname „Leinpfad" leitet sich übrigens von den Leinen ab, mit denen die Alsterkähne getreidelt wurden. Meist zogen 2-3 Dutzend kräftige Männer die Schiffe.

Der Leinpfad zieht sich 1,6 Kilometer hin. Dann haben wir am Ausflugslokal „Bobby Reich" die Außenalster erreicht. Sie entstand um 1250 durch Aufstau der Alster zu einem Mühlensee und ist heutzutage Segel- und Ruderrevier. Ihre begrünten Ufer stehen zum Flanieren, Laufen, aber auch zum Sonnenbaden und Picknicken hoch im Kurs. Bei gutem Wetter sind die nachfolgenden Straßennamen „**Fernsicht**", „**Bellevue**" und „**Schöne Aussicht**" keine leeren Versprechen. Vor allem von der letztgenannten Straße aus hat man einen eindrucksvollen Blick auf die Silhouette und die Türme der Innenstadt.

Den im Sommer hier herrschenden Trubel vermissen wir nicht. Bei immer noch nur 6-8 °C und wolkenverhangenem Himmel sowie trüber Fernsicht gönnen wir uns nun eine letzte Pause und streben ansonsten unserem Tagesziel zu.

Auf Höhe der **Gurlitt-Insel** verlassen wir die Außenalster. Wir überqueren die verkehrsreiche Straße An der Alster auf einem beampelten Überweg und gelangen durch die **Gurlittstraße** zur Straße **Lange Reihe**. Das Wort "Reihe" besagt, dass die Straße bei ihrer Anlage 1682 nur einseitig bebaut war. Sie ist das Herzstück und die Haupteinkaufsstraße des Stadtteils St. Georg, der auf ein um 1200 entstandenes Hospital für Leprakranke zurückgeht.

Noch in den 1970er und 1980er Jahren hatte St. Georg einen ziemlich schlechten Ruf als Wohnquartier. Seither sind viele Bauten aus der Gründerzeit renoviert worden und hat St. Georg auch dank seiner Gaststätten und Bistros ein neues positives Image bekommen.

Wir machen von der Langen Reihe aus noch einen kurzen Abstecher in die Straße Am Mariendom, wo wir in einem Laden der Diakonie Hamburg den Pilgerstempel des katholischen **Doms St. Marien** bekommen. Die heutige Domkirche wurde erst 1893 erbaut und ist seit 1995 die Kathedralkirche des römisch-katholischen Erzbistums Hamburg. Wir besichtigen sie nur kurz.

Nach der Rückkehr zur Langen Reihe lassen wir die **Kirche St. Georg**, die an der Stelle einer Kapelle des Aussätzigen-Hospitals in der ersten Hälfte des 18. Jahrhunderts gebaut wurde, rechts und das Bieber-Haus mit dem Ohnsorg-Theater links liegen. Auf der Ernst-Merck-Brücke überqueren wir die zum **Hauptbahnhof** links neben uns führenden Bahngleise. Am Glockengießerwall biegen wir nach links und gegenüber dem Bahnhof dann nach rechts in die Spitalerstraße ab. Sie ist Einkaufsstraße und Fußgängerzone und bringt uns zur **Hauptkirche St. Jacobi**. Dort treffen wir um 16:15 Uhr ein.

St. Jacobi ist eine der fünf evangelisch-lutherischen Hauptkirchen Hamburgs und trotz massiver Zerstörungen gegen Ende des Zweiten Weltkriegs einer der wenigen erhaltenen mittelalterlichen Bauten in Hamburgs Innenstadt. Sie ging aus einer dem Apostel Jakobus geweihten Kapelle an einem Jakobsweg hervor und lag bei ihrer ersten Erwähnung 1255 noch außerhalb der gesicherten Stadtmauer. Erst 1260 wurde sie bei einer Erweiterung letzterer in die Stadtbefestigung mit einbezogen. Der größte Teil des heutigen Kirchenbaus stammt aus der Zeit zwischen 1350 und 1436.

Pilgerwegweiser neben der Hauptkirche St. Jacobi

Leider ist St. Jacobi seit rund zwei Monaten und noch bis Mitte April 2025 wegen dringender Instandsetzungsarbeiten gesperrt, so dass wir sie weder besichtigen noch hier einen Pilgerstempel bekommen können. Den gibt es aber im ausgelagerten **Pilgerzentrum** in der Rathauspassage, das dienstags (also auch heute) und donnerstags von 15-17 Uhr geöffnet hat.

78

Also pilgern wir an der **Hauptkirche St. Petri** vorbei zum **Rathaus**, unter dessen Vorplatz sich die Rathauspassage befindet, und bekommen halt dort die Pilgerstempel. Alles ist gut!

Rathaus

Ab hier weichen wir ein Stück vom Karten-Set ab, indem wir bis zur Stadthausbrücke (rund 400 Meter) am Alsterfleet bleiben. Dann biegen wir in die Admiralitätsstraße ein und überqueren auf der **Michaelisbrücke** den Bleichenfleet. Rechts von uns ist die 1668 errichtete **Ellerntorbrücke**, Hamburgs zweitälteste existierende Brücke. Wir sind wieder auf der eingezeichneten Route.

Ich bin jetzt maximal entspannt. Wir sind super-gut in der Zeit und fast am Ziel dieser Pilgerreise. Was bis zur Elbe jetzt noch vor uns liegt, ist quasi die Zugabe.

Ellerntorbrücke von 1668

Unser nächstes Ziel ist der „**Kleine Michel**" (eigentlich Katholische **Pfarrkirche St. Ansgar und St. Bernhard**) (7). Diese Kirche hat eine bewegte, mit dem „Großen Michel" (der Hauptkirche St. Michaelis) eng verflochtene Geschichte. Ein erster Kirchenbau hier war von 1600 bis 1647 Filialkirche der Hauptkirche St. Nikolai. Nachdem 1661 dann ganz in der Nähe die neue Kirche, der „Große Michel", erbaut wurden war, verfiel der Kleine Michel und wurde 1747 abgerissen, um nur sieben Jahre später, 1757, als Notkirche für die 1750 abgebrannte große Kirche wiederzuerstehen. Während der Besetzung Hamburgs durch Napoleons Truppen (1807-1814) wurde der Kleine Michel 1811 katholisch, was er seither blieb. Nachdem der Kleine Michel am 11. März 1945 durch alliierte Bomben völlig zerstört worden war, entstand 1953-1955 auf den Fundamenten des ersten Baus die jetzige Kirche in neoklassizistischen Stil. Sie erhielt das Nebenpatrozinium des Heiligen Bernhard von Clairvaux. – Wir haben Glück, und die Kirche ist offen. Es wird die letzte Kirche sein, die wir auf diesem Weg von innen erleben. Es ist also Zeit, innezuhalten und zu danken.

Die **Hauptkirche St. Michaelis**, der „**Große Michel**" (8), ist nach 350 Metern und Unterquerung der Ludwig-Ehrhardt-Straße unsere nächste Station. Da hier sehr viele Menschen sind, versuche ich gar nicht erst, mit Kito hineinzugelangen. Das ist auch nicht unbedingt nötig, denn ich kenne diese Kirche von vielen Konzertveranstaltungen im Kirchenraum wie auch in der Krypta.

Im Besucherzentrum neben der Kirche erhalten wir noch einen letzten Pilgerstempel dieser Reise. Dann gehen wir an den **nordischen Seemannskirchen** (9) vorbei durch die Ditmar-Koel-Straße und erreichen nach 650 Meter das Johannisbollwerk und die Jan-Fedder-Promenade. Vor uns liegt die **Elbe** mit den Museumsschiffen **Cap San Diego** und **Rickmer Rickmers**. Es ist 17:30 Uhr und noch hell, als wir die **Landungsbrücken** erreichen. Wir sind am Ziel. Die S 1 bringt uns von den Landungsbrücken wieder nach Poppenbüttel. Dass diese Heimfahrt durch einen Schienenersatzverkehr mit uralten Gelenkbussen zwischen Hasselbrook und Ohlsdorf „aufgelockert" und verlängert wird, touchiert uns heute nicht. Gegen 18:30 Uhr sind wir wieder zu Hause.

Tagesdistanz: 26,9 km – **Gesamtdistanz:** 134,2 km

Erkenntnis des Tages: Wir sind am Ziel. Alles ist gut!

Museumsschiff Cap San Diego

St. Pauli Landungsbrücken

82

RÜCKBLICK

Diese Pilgerreise von der Ostsee nach Hause bzw. von der Ostsee zur Elbe hatten wir uns bereits 2022 vorgenommen. Damals war uns einiges dazwischengekommen. Diesmal aber hat alles geklappt. Es war – nach meinem schweren Infekt drei Wochen zuvor – nicht perfekt. Aber das war auch gar nicht zu erwarten.

Es waren gleichwohl fünf wunderschöne Tage, die ich auf dem Hanseatenweg und der Via Baltica unterwegs sein durfte. In diesen fünf Tagen haben Kito und ich gemeinsam viel erlebt. Jeden Tag haben wir gemeinsam gemeistert, haben füreinander gesorgt und aufeinander aufgepasst. Und so war jeder dieser Tage für uns beide Lebensqualität pur.

Die erlebte Gastfreundschaft in den Pilgerherbergen St. Jakobi Lübeck sowie der Auferstehungskirche in Nahe und durch Frau Dahms in Bad Oldesloe waren mehr als wohltuend. Allen Gastgebern und Helfern gilt mein aufrichtiger Dank.

Christines Pilgerwagen (BENPACKER), den ich mir für diese Tage ausleihen durfte, hat sich maximal bewährt. Ohne ihn, klassisch mit Rucksack, wäre mir diese Reise ungleich schwerer gefallen, hätte ich den überlangen zweiten Tag vermutlich sogar ein Stück auf Bus, Bahn oder Taxi ausweichen müssen, wozu ich bei rund 200 Pilgertagen erst einmal (wegen Fieber) gezwungen war. So aber gelang mir der Pilgerweg, auch ohne schon wieder ganz im Vollbesitz meiner Kräfte gewesen zu sein.

Und nicht zuletzt habe ich auch bei der Bearbeitung der Textrohfassung dieses Erlebnisberichts noch eine Menge interessante Dinge hinzugelernt, zum Beispiel über die Schleusen und die Schifffahrt auf dem Alster-Oberlauf und über die tatsächlichen Routen im Mittelalter, von der ich zwar einiges wusste, aber nun viel neues Wissen ergänzen konnte.

Ich bin einfach dankbar für das Erlebte.

ANHANG: HISTORISCHE ROUTEN DER VIA BALTICA ZWISCHEN LÜBECK UND HAMBURG

Als ich auf Seite 29 dieses Büchleins schrieb *„Einige Wegabschnitte waren so gut angelegt, dass sie ohne zeitliche Unterbrechung genutzt und immer weiter ausgebaut wurden. Sie sind heutzutage teilweise Bundesstraßen und als solche sicher nicht mehr geeignet, auf ihnen Ruhe, Entspannung und Spiritualität zu finden. Für sie mussten für den modernen Pilger neue, naturnahe Parallelstrecken gefunden werden."*, war mir zunächst nicht bewusst, wie sehr diese Aussage gerade für die Via Baltica zwischen Ostsee und Elbe, zwischen Lübeck und Hamburg, gilt.

De facto sind wir bei unserer Pilgerreise im März 2025 aber nur wenige Kilometer in Oldesloe und in Hamburgs Stadtzentrum auf einer der mittelalterlichen Routen gegangen. Der Rest dieser historischen Wege ist heutzutage aber Land- bzw. Bundesstraße mit regem Autoverkehr, so dass der Fußpilgerweg bei der Revitalisierung der Via Baltica 2006-2008 komplett neu konzipiert werden musste und wurde.

Prof. Manfred Hermanns (Hamburg) beschrieb in zwei Web-Artikeln 2013 die mittelalterlichen Hauptrouten zwischen Lübeck und Hamburg, von denen die östliche über Sandesneben, Siek und Alt-Rahlstedt nach wie vor für Fahrradpilger zu empfehlen ist, auch wenn sie keine Pilgerwegmarkierungen aufweist (siehe auch unter Literatur/Quellen).

Diese östliche Verkehrsverbindung von Lübeck nach Hamburg führt über Bliesdorf, Kastorf, Klein Klinkrade und Labenz zur **St. Marien Kirche** in **Sandesneben**. Diese steht auf einem Hügel und überragt den Ort deutlich. Allerdings droht ein Teil dieses

Hügels nun nachzugeben, was derzeit umfassende Sicherungsund Erhaltungsmaßnahmen erforderlich macht.

Von hier geht es weiter über **Lütjensee** und Siek nach Rahlstedt, wobei diese Route ab der Braaker Mühle bzw. der Häusergruppe Fleischgaffel für rund 1 ½ Kilometer zur *Natursteinstraße* wird.

Die aus behauenen Feldsteinen errichtete ev.-luth. **Kirche Alt-Rahlstedt** ist eines der ältesten Kirchengebäude im norddeutschen Raum. Sie wurde 1248 erstmals urkundlich erwähnt und ist als Stationskirche eines mittelalterlichen „Jakobspilgerweges" überliefert.

Die Reststrecke ab Alt-Rahlstedt folgt der Rahlstedter Straße, der Tonndorfer Hauptstraße, der Ahrensburger Straße (B 75), die im weiteren Verlauf dann Wandsbeker Zollstraße, Wandsbeker Chaussee und im Stadtteil St. Georg Steindamm heißt.

Die **westliche mittelalterliche Handels- und somit auch Pilgerroute**, die ab 1230 zunächst im Vordergrund stand, führte vom Lübecker Marktplatz über die Holstenstraße, die Holstenbrücke und das spätere Holstentor (erbaut 1469–1476) nach Padelügge, Hohenstiege, Hamberge, Stubbendorf, das Kloster Reinfeld, Steinfelderhude und Kneeden nach **Oldesloe.** Bis hier reichte im Mittelalter der Einflussbereich der Stadt Lübeck. (Wikipedia)

Zwischen Oldesloe und Bargteheide gab es zwei Alternativrouten nach Bargteheide: eine über Rümpel, Höltenklinken, durch den Wunneckenbrook und den Mönckebrook, die andere auf der Trasse der heutigen B 75 über Blumendorf, Neritz und Elmenhorst.

Der letzte Streckenabschnitt ab **Bargteheide** entsprach der heutigen B 434 und führte durch Timmerhorn, Hoisbüttel, Bergstedt, Sasel, Bramfeld und Barmbek zur damaligen hamburgischen

Landwehr bei der Kuhmühle und durch St. Georg und das Steintor in die **Hansestadt Hamburg** hinein.

Das Hauptproblem dieser durch das Herzogtum Holstein führenden Handelsrouten war der schlechte Straßenzustand. Dieser rührte daher, dass der dänische König, der zugleich Herzog von Holstein (sowie von Schleswig und ab 1815 auch von Lauenburg) war, keinerlei Interesse hatte, den Handel zwischen den beiden autonomen Stadtstaaten in irgendeiner Weise zu unterstützen.

So setzte sich im 18. Jahrhundert zwischen Bargteheide und Hamburg eine neue Trassenführung durch. Initiator dieser Variante war Graf Heinrich Karl von Schimmelmann, einer der reichsten Männer Europas, der die Route Lübeck – Oldesloe – Bargteheide unter Einbeziehung seiner Güter Ahrensburg und Wandsbek zunächst als Poststraße hatte ausbauen lassen. Diese neue Route wurde dann von 1841 bis 1843 als **Hamburg-Lübecker Allee** weiter ertüchtigt und befestigt. Auf ihr sind noch die Meilen- und Halbmeilensteine mit den Insignien des dänischen Königs Christian VIII. erhalten. (Lediglich der Halbmeilenstein in Hamberge fehlt.)

Aus dieser Route entwickelte sich später die B 75, die inzwischen teils weiter zur Autobahn ausgebaut, teils wieder zur Landstraße heruntergestuft ist.

UNSERE UNTERKÜNFTE

Lübeck: Pilgerherberge St. Jakobi, Jakobikirchhof 5, Ansprechpartnerin: Küsterin Marina Niemeyer, Tel. 0451 308010 & 0152 02889837, Mail info@st-jakobi-luebeck.de, https://www.st-jakobi-luebeck.de/pilgern/die-pilgerherberge

Bad Oldesloe: Kirchengemeinde St. Peter & Paul, unsere private Gastgeberin Frau Dahms, 0172 4309754

Nahe: Pilgerherberge der ev.-luth. Auferstehungskirche Nahe, Ansprechpartnerin für Pilger: Küsterin Andrea Danger, andreadanger03@gmail.com, unsere Betreuung vor Ort: Gertrud Pfadler, 04535 8213

Hamburg-Poppenbüttel/-Sasel: zu Hause

Kito in Travemünde auf unserem Pilgerwagen (BENPACKER)

LITERATUR / QUELLEN

Gehring, Detlef: Via Baltica Band 2, von Lübeck nach Wedel (Fähre nach Lühe), 6 Etappen — 124 km (enthält auch die Wegbeschreibung auf den Hanseatenweg ab Travemünde), erhältlich im "Pilgerzentrum im Norden St. Jacobi Hamburg" oder bei pilgern-im-norden.de, 7,00 € zzgl. Porto

Hermanns, Prof. Dr. Manfred: Pilgerweg Lübeck - Hamburg. Internet-Publikation in: my heimat vom 18.1.2013, https://www.myheimat.de/hamburg/c-kultur/pilgerweg-luebeck-hamburg_a2483249

Hermanns, Prof. Dr. Manfred: Radpilgerweg Lübeck - Hamburg als Alternative. Internet-Publikation in: my heimat vom 15.1.2013, https://www.myheimat.de/luebeck/c-kultur/radpilgerweg-luebeck-hamburg-als-alternative_a2482407

Hermanns, Prof. Dr. Manfred: Zweiter alternativer Pilgerweg Lübeck – Hamburg. Internet-Publikation in: my heimat vom 7.3.2013, https://www.myheimat.de/luebeck/c-kultur/zweiter-alternativer-pilgerweg-luebeck-hamburg_a2497000

Letulé, Klaus: Entstehung des Teilstücks der VIA BALTICA von Lübeck nach Wedel. In: STERNENWEG Nr. 62, 34. Jg. 2021, Hrsg.: Deutsche St. Jakobus-Gesellschaft, Aachen

Lohse, Bernd: Pilgern auf dem Jakobusweg "Via Baltica" von Lübeck nach Hamburg, Kartenset bestehend aus 12 Pilgerkarten, erhältlich im "Pilgerzentrum im Norden St. Jacobi Hamburg", 5,00 €

Simon, Martin: Via Baltica / Usedom — Bremen. Outdoor-Pilgerführer / Conrad-Stein-Verlag, ISBN 9783866864634

Weber, Bernhard: Pilgern auf der Via Baltica, Via Baltica-Verlag www.via-baltica-verlag.de, ISBN: 978–3-00–059015-3 (Pilgerführer für den kompletten Baltisch-Westfälischen Jakobsweg (Via Baltica) von Swinemünde über Greifswald, Rostock, Wismar, Lübeck, Hamburg, Bremen und Osnabrück nach Münster in Westfalen. Genaue Wegbeschreibung. Der Pilgerführer vom Initiator und Mitentwickler des längsten deutschen Jakobs-Pilgerwegs mit 152 Seiten enthält ansprechende Fotos, eine gute Kartographie und viele geistliche Impulse und Sinnsprüche, Tipps und Unterkunftsinformationen. Hinweise für Fahrradfahrer runden den Inhalt ab.)

Kito bei einer Rast zwischen Sülfeld und Nahe auf unserem Pilgerwagen (BENPACKER)

ÜBER DEN AUTOR

Christian Hottas, Jahrgang 1956, lebt seit 1979 in Hamburg, wo er seit 1993 als Facharzt für Allgemeinmedizin mit den Zusatzschwerpunkten Sportmedizin, Chirotherapie und reisemedizinische Beratung niedergelassen ist. Während seiner Sportmedizin-Weiterbildung lief er im April 1987 in Hamburg seinen ersten Marathon und im Juli 1987 in Karlsruhe seinen ersten Ultramarathon.

Im August 2005 absolvierte er seinen 1000. Lauf über mindestens Marathondistanz, im Mai 2013 seinen 2000. und im Juni 2021 dann seinen 3000. derartigen Lauf. Seit August 2011 führt er die „World Megamarathon Rankings" (Weltrangliste der Marathon-Vielfach-Finisher) mit inzwischen großem Vorsprung an.

Zum Pilgern kam er erst im Herbst 2018, als er mit seiner heutigen Lebensgefährtin Christine Schroeder seinen ersten Jakobsweg, den Camino Inglés, ging.

Zunächst pandemiebedingt, konzentrierte sich sein Pilgerinteresse seit 2020 auf deutsche Pilgerwege, wobei ihn insbesondere weniger bekannte Strecken faszinieren. Seit Sommer 2021 ist auch Familienhund Kito (Pinscher-Mix, Jahrgang 2019) mit Begeisterung dabei.

Seither hat es für Christian auch keinen Pilgertag ohne Kito gegeben. Kito ist Pilger durch und durch und Christians zuverlässiger Begleiter und Beschützer. So kompliziert Pilgern mit Hund anfangs schien, so sehr ist jetzt, da Kito und seine Menschen immer besser aufeinander eingespielt sind, Pilgern <u>ohne</u> Hund beinahe undenkbar.

Derzeit sind **<u>alle drei</u>** – Christian, Christine und Kito – als Jakobspilger von ihrem Zuhause in Hamburg nach Santiago de Compostela unterwegs. Bremen und Wildeshausen (Herbst 2021), Osnabrück, Münster, Herdecke (Frühjahr 2022), Köln und Trier (Herbst 2022) sowie Vézelay (Herbst 2023) und Limoges (Herbst 2024), Saint-Jean-Pied-de-Port sowie Logroño (Mai 2025) haben sie bereits erreicht und damit etwa vier Fünftel dieses Projekts gemeistert. Im Herbst 2025 oder Frühjahr 2026 werden alle drei in Santiago de Compostela ankommen.

Kito und Christian sind zudem noch **<u>zu zweit</u>** auf einer anderen Route von Hamburg nach Aachen unterwegs und haben dabei über

Soltau, Mariensee, Loccum, Minden, Bielefeld und Soest im April 2024 Werl erreicht. Von hier soll es demnächst weitergehen.

Auf der VIA ROMEA GERMANICA, einem Pilgerweg von Stade nach Rom, der dem Rückweg-Route einer Dienstreise des Stader Abtes Albert 1236/37 folgt, sind **beide** im Frühjahr und Sommer 2023 von Stade bis nach Nordhausen gegangen. Von hier wollen sie 2026 oder 2027 weiterpilgern.

Kito und Christian im Ziel des Pilgerwegs von Berlin nach Wilsnack

WEITERE ERLEBNIS-/PILGERBE-RICHTE DES AUTORS

Camino Inglés – Schnupper-Pilgern von Ferrol nach Santiago de Compostela (Band 1, gegangen 2018, 120 Seiten, mit allgemeinen Pilgerinformationen sowie einem medizinischen Teil am Ende des Buches, 82 SW-Fotos, 18 Farbfotos, Erscheinungsdatum: 17.11.2023, Books on Demand, ISBN: 9 783758 308581, 10,99 € – als e-Book ISBN: 9 783758 396908, 5,49 €)

Der Camino Inglés von Ferrol nach Santiago de Compostela ist mit 119 Kilometern der kürzeste aller spanischen Jakobswege. Mit dieser überschaubaren Länge eignet er sich hervorragend zum Schnupper-Pilgern und zum Einstieg in die Jakobspilger-Szene. Und mit seinem Zielpunkt an der Kathedrale ist er gleichzeitig ein vollständiger spanischer Camino und berechtigt zur Erlangung der Pilgerurkunde (Compostela). In den letzten Jahren entwickelte sich der Camino Inglés daher von einem relativen Geheimtipp zu einem der - nach dem Camino Francés und dem Caminho Portugués - populärsten Pilgerwege.

Hümmlinger Pilgerweg – Von Stein zu Stein Pilgern im Emsland (Band 2, gegangen 2020, noch in Vorbereitung)

Sigwardsweg – Pilgern von Minden nach Idensen und zurück (Band 3, gegangen 2020, noch in Vorbereitung)

Mittelalterlicher Pilgerweg von Berlin nach Wilsnack – Pilgern mit Hund in Brandenburg (Band 4, gegangen 2021, 124 Seiten, 66 SW-Fotos, 25 Farbfotos, Erscheinungsdatum: 06.11.2023, Books on Demand, ISBN: 9 783758 308550, 10,99 € – als e-Book ISBN: 9 783758 381386, 5,49 €)

Das brandenburgische Wilsnack war von 1383 bis 1552 eines der wichtigsten christlichen Pilger- und Wallfahrtsziele. Nach der Verbrennung der sogenannten Wunderbluthostien 1552 durch den ersten evangelischen Pastor dort ebbte die Wilsnack-Fahrt dann rasch ab und gerieten Wilsnack und die Pilgerwege dorthin in Vergessenheit. Dank der Wegeforschung ab den 1980er Jahren ist der mittelalterliche Pilgerweg von Berlin nach Wilsnack seit 2006 wieder markiert und begehbar. Auch wenn er kein Jakobsweg ist, so ist er zweifelsfrei dennoch ein sehr empfehlenswerter Pilgerweg, den man gegangen sein sollte. Dieses Büchlein gibt unsere Erlebnisse und Eindrücke aus dem Juli 2021 wieder, als wir diesen wenig bekannten Weg, über den es sonst keine Pilgerberichte gibt, gemeinsam mit unserem neuen Familienzuwachs Kito gingen.

Annenpfad – Kurz-Pilgern in der Prignitz (Band 5, gegangen 2021 & 2022, 80 Seiten, 38 SW-Fotos, 12 Farbfotos, Erscheinungsdatum: 08.09.2023, Books on Demand, ISBN: 9 783757 882525, 8,99 € – als e-Book ISBN: 9 783758 385407, 4,49 €)

Der nur 22 Kilometer lange Annenpfad ist ein als Rundweg angelegter Pilgerweg in der Prignitz. Er wurde nach fünf Jahren Vorlaufzeit 2011 eröffnet, hat aber zumindest teilweise mittelalterliche Wurzeln. Er verbindet das Kloster Stift zu Heiligengrabe, die Wallfahrtskirche Alt Krüssow und die Fachwerk-Dorfkirche Bölzke miteinander und kann von jedem dieser drei Orte aus begonnen werden. Da er in beiden Richtungen sehr gut markiert ist, ist auch die Richtungswahl frei. Obgleich er verkehrsgünstig zwischen Berlin und Hamburg liegt, ist er nach wie vor eher ein Geheimtipp unter den nord(ost)-deutschen Pilgerwegen. Er eignet sich gleichermaßen für Pilgeranfänger, die ihn sich auf mehrere Tage aufteilen, wie für erfahrene Pilger, die einfach nur einen Tag pilgern möchten.

Jacobusweg Lüneburger Heide von Hamburg & von Lüneburg nach Kloster Mariensee – Jakobspilgern mit Hund und 9-Euro-Ticket (Band 6, gegangen 2022, 134 Seiten, 73 SW-Fotos, 22 Farbfotos, Erscheinungsdatum: 15.12.2023, Books on Demand, ISBN: 9 783755 739562, 10,99 € – als e-Book ISBN: 9 783758 396519, 5,49 €)

Der Jacobusweg Lüneburger Heide ist einer der am wenigsten bekannten norddeutschen Pilgerwege. Er beginnt in Hamburg (bzw. mit einem Seiteneinstieg in Lüneburg) und führt von der Via Baltica (bzw. Via Scandinavica) in eine der schönsten Heidelandschaften. Unterwegs laden viele schöne Heidekirchen, aber auch Bauernhöfe und Herrenhäuser zum Verweilen ein. Leider sind nicht nur die Informationen über diesen Weg rar, sondern in einigen Abschnitten auch die Infrastruktur. Aber mit dem 9-Euro-Ticket (2022) bzw. (ab 2023) dem Deutschlandticket kann man diesen Weg auch tageweise oder in kleinen Blöcken pilgern. Dieses Büchlein - das bislang einzige seiner Art über diesen Weg -

gibt meine Eindrücke und Pilgererlebnisse und die meines Hundes Kito aus dem Sommer 2022 wieder und soll dazu animieren, diesen wunderschönen Weg selbst einmal zu gehen.

Dithmarscher Jakobsweg – Pilgern mit Hund auf der Westküstenroute der Via Jutlandica (Band 7, gegangen 2022, 115 Seiten, 63 SW-Fotos, 26 Farbfotos, Erscheinungsdatum: 01.11.2023, Books on Demand, ISBN: 9 783757 884147, 10,99 € – als e-Book ISBN: 9 783758 361555, 5,49 €)

Der im September 2013 wiedereröffnete Dithmarscher Jakobsweg ist die relativ unbekannte Westküstenroute der Via Jutlandica. Er beginnt an der Kreisgrenze zu Nordfriesland südlich von Friedrichstadt und führt über 117 Kilometer durch Dithmarschen bis nach Brunsbüttel. Er erschließt dem Pilger damit eine Region, deren Grenzen seit den Zeiten Karls des Großen unverändert geblieben sind. Kurz vor Glückstadt erreicht er die Hauptroute der Via Jutlandica, die ihrerseits über Stade und Harsefeld Anschluss an die Via Baltica findet. Dieses Buch - das erste über diesen Jakobsweg - beschreibt meine Eindrücke und Erlebnisse aus dem Sommer 2022, als ich diesen Weg gemeinsam mit meinem Hund Kito ging.

Jakobspilgern mit Hund von Hamburg nach Santiago de Compostela (I) – Teil 1: von Hamburg nach Trier – Via Baltica, Westfälischer und Bergischer Jakobsweg sowie Via Coloniensis (Band 8, gegangen 2021-2022, noch in Vorbereitung)

„Der Jakobsweg beginnt vor der eigenen Haustür." Nach diesem Motto starten Christine (Jg. 1958), Kito (Pinscher-Mix, Jg. 2019) und ich (Jg. 1956) im Herbst 2021 von unserem Zuhause in Hamburg, unweit der Via Baltica in Richtung Santiago de Compostela. Im ersten Block gehen wir zunächst über Bremen bis Wildeshausen, im Frühjahr 2022 dann zum Ende der Via Baltica in Osnabrück und anschließend auf dem Westfälischen Jakobsweg noch über Münster und Dortmund bis Herdecke/Ruhr. Von dort pilgern wir im Herbst 2022 zum Ende dieses Wegs, von Beyenburg dann auf dem Bergischen Jakobsweg nach Köln und weiter auf der Via Coloniensis durch die immer noch von der Flutkatastrophe des Sommers 2021 gezeichnete Eifel bis nach Trier. Damit haben wir rund 1000 Kilometer geschafft und Deutschland bis auf 1 ½ Tagesetappen mit Hund durchquert. Von unseren Erlebnissen und Eindrücken berichtet dieser erste Band unseres großen Pilgerprojekts. Band 2 und 3 sind bereits erschienen.

Pilgern mit Hund von Hamburg nach Aachen (Band 9, von Hamburg bislang bis Werl gegangen 2022-2024, noch in Vorbereitung)

Via Romea Germanica (I) – Rom-Pilgern mit Hund, Teil 1: von Stade nach Nordhausen (Band 10, gegangen 2023, 161 Seiten, 78 SW-Fotos, 18 Farbfotos, Erscheinungsdatum: 12.01.2024, Books on Demand, ISBN: 9 783758 312854, 11,99 € – als e-Book ISDN: 9 783758 333972, 5,99 €)

Die VIA ROMEA GERMANICA ist eigentlich kein originärer Pilgerweg, sondern der Rückweg des Abts Albert von Stade bei seiner Dienstreise zum Papst in Rom 1236. Natürlich bediente sich Albert bei dieser Reise der vorhandenen sogenannten Altstraßen, also der damaligen Straßen, die auch von anderen Reisenden, Händlern, Kutschen und Kurieren oder auch Truppen genutzt wurden. Dieser Weg wurde, nachdem er in Vergessenheit geraten war, ab 2007 wieder rekonstruiert und - nun mit Start in Stade - als Rom-Pilgerweg wiederbelebt. Je ein deutscher und italienischer Förderverein bietet im Web alle wichtigen Informationen zu diesem noch recht wenig bekannten Weg an. Mich reizte dieser Weg vor allem, weil er kein Jakobsweg, sondern ein Rom-Weg ist, weil es kaum Pilgerberichte über ihn gibt und mich seine erstaunlich gute Infrastruktur sehr interessierte. Gemeinsam mit meinem Hund Kito, der bei allen Pilgertagen seit Juli 2021 stets an meiner Seite war, pilgerte ich im Sommer 2023 von Stade bis Nordhausen am südlichen Harzrand. Dieses Büchlein gibt unsere Erlebnisse und Eindrücke wieder.

Jakobspilgern mit Hund von Hamburg nach Santiago de Compostela (II) – Teil 2: von Trier nach Vézelay – zwischen Via Coloniensis und Via Lemovicensis (Band 11, gegangen 2023, 170 Seiten, 104 SW-Fotos, 21 Farbfotos, Erscheinungsdatum: 19.02.2024, Books on Demand, ISBN: 9 783758 338267, 12,99 € – als e-Book ISDN: 9 783758 338267, 6,49 €)

„Der Jakobsweg beginnt vor der eigenen Haustür." Nach diesem Motto starten Christine (Jg. 1958), Kito (Pinscher-Mix, Jg. 2019) und ich (Jg. 1956) im Herbst 2021 von unserem Zuhause in Hamburg, unweit der Via Baltica. In drei Blöcken erreichen wir im Herbst 2022 Trier. Ein Jahr später - im September/Oktober 2023 - pilgern wir von dort aus weiter durch Saargau, Lothringen, Champagne bis nach Vézelay im Burgund und erleben dabei Landschaften, die wir bislang alle noch nicht kannten. Von unseren Erlebnissen und Eindrücken auf dieser Pilgerreise mit Hund zwischen der Via Coloniensis (bis Trier) und der Via Lemovicensis (ab Vézelay) berichtet dieser zweite Band unseres großen Pilgerprojekts von Zuhause bis nach Santiago de Compostela, das wir - so Gott will - 2025 beenden wollen. Pilgern in Frankreich ist nicht nur der Sprache wegen anders als Pilgern in Deutschland. Das macht es nicht weniger reizvoll, zumal wir, wann immer wir Hilfe benötigten, auch hier immer wieder „Pilgerengel" trafen.

Klosterdreieck Ratzeburg – Rehna – Zarrentin: Pilgern mit Hund rund um den Schaalsee und über die einstige innerdeutsche Grenze (Band 12, gegangen April 2024, 98 Seiten, 49 SW-Fotos, 8 Farbfotos, Erscheinungsdatum: 28.08.2024, Books on Demand, ISBN: 9 783759 769657, 10,99 € – als e-Book ISBN: 9 783759 732453, 5,49 €)

Das Klosterdreieck ist ein recht junger und - zu Unrecht - noch weitgehend unbekannter Pilgerweg, der die ehemaligen Klöster in Ratzeburg, Rehna und Zarrentin miteinander verbindet und dabei nicht nur den Schaalsee umrundet, sondern auch zweimal die einstige innerdeutsche Grenze quert. Dabei wird der Fuß- oder auch Radpilger immer wieder mit den Folgen der deutschen Teilung 1945 konfrontiert.

Zu diesem knapp 100 Kilometer langen Weg, den ich gemeinsam mit meinem Hund Kito im April und nochmals im Juni 2024 ging, gibt es bislang kaum detaillierte Informationen. So ist dieser Bericht über unsere Pilgereindrücke und Erlebnisse der erste seiner Art und auch das erste Buch überhaupt zu diesem Weg. Neben praktischen Tipps zu Unterkünften und Infrastruktur bietet dieses Büchlein zudem Hintergrundinformationen zur Geschichte der drei Klöster und der vielen Dörfer und Orte am Weg.

Europäischer Zisterzienser Weg durch die UNESCO-Biosphärenreservate Schaalsee und Elbe – Pilgern mit Hund von Rehna nach Lauenburg (Band 13, gegangen Juni 2024, 92 Seiten, 41 SW-Fotos, 17 Farbfotos, Erscheinungsdatum: 06.11.2024, Books on Demand, ISBN: 9 783758 350771, 10,99 € – als e-Book ISBN: 9 783769 381498, 5,49 €)

Das Netz der Zisterzienser-Wege, das seit 2015 in einem europaweiten Projekt erforscht und rekonstruiert wird, betrifft eigentlich primär keine Pilgerwege, sondern die Dienstwege der Ordensoberen. Diese waren nämlich verpflichtet, einmal jährlich alle Tochterklöster ihres eigenen Klosters zu "visitieren" und sich zudem - ebenfalls jährlich - zur Generalversammlung im Gründungskloster des Ordens in Citeaux (Burgund) zu treffen. Dabei nutzten sie natürlich keine eigenen, sondern die bereits vorhandenen Altstraßen, also die Straßen, auf denen auch andere Reisende, Händler, Boten, Kuriere und natürlich auch Pilger unterwegs waren und die über eine gewisse Infrastruktur verfügten. Da die meisten dieser Wege heutzutage bereits als Pilger- oder Wanderwege markiert sind, gibt es bei den Zisterzienser-Wegen nur ein gutes Webangebot mit Streckenbeschreibungen und Kartenmaterial sowie Tracks, aber keine eigenen zusätzlichen Markierungen.

Da der sehr engagierte Klosterverein Rehna für den Streckenabschnitt von Rehna nach Lauenburg auch Materialien als Print anbietet, nutzte ich dieses, um im Juni 2024 dieses 110 Kilometer lange, wunderschöne Segment gemeinsam mit meinem Hund Kito zu erkunden.

Nordsee-Pilgerweg in Nordfriesland – Pilgern mit Hund von Lunden nach Tønder bzw. Løgumkloster (Band 14, gegangen Juli 2024, 108 Seiten, 40 SW-Fotos, 35 Farbfotos, Erscheinungsdatum: 16.10.2024, Books on Demand, ISBN: 9 783759 761163, 11,99 € – als e-Book ISBN: 9 783769 359718, 5,99 €)

Der Nordsee-Pilgerweg von Lunden nach Tønder bzw. Løgumkloster existiert erst seit 2021. Er durchquert die gesamte historische Region (und damit auch den Kreis) Nordfriesland von Süd nach Nord und gibt dabei vielfältige Einblicke in die Geschichte der Menschen und der Orte entlang der Strecke sowie der deutsch-dänischen Grenzregion. Dabei folgt der Pilgerweg weitgehend (zumindest von ihrer Ausrichtung her) dem Verlauf der Westroute des mittelalterlichen Handelswegs. Der Verfasser ging diesen Weg im Sommer 2024 gemeinsam mit seinem Hund Kito, wobei beide bei den Kirchengemeinden entlang des Wegs gastfreundlich aufgenommen wurden. Den Haupt- und Ehrenamtlern dieser Gemeinden gilt daher unser besonderer Dank.

Jakobspilgern mit Hund von Hamburg nach Santiago de Compostela (III) – Teil 3: von Vézelay nach Limoges – Via Lemovicensis / Voie de Vézelay (Band 15, gegangen September 2024,

198 Seiten, 103 SW-Fotos, 54 Farbfotos, Erscheinungsdatum: 16.10.2025, Books on Demand, ISBN: 9 783769 328394, 16,99 €€ – als e-Book ISBN: 9 783759 395242, 7,49 €)

Dieser dritte Band unserer Pilgerreise von Zuhause in Hamburg nach Santiago de Compostela ist, gleichermaßen vom Textumfang sowie der Anzahl der Fotos her, unser bislang ausführlichster Pilgerbericht. Er beschreibt unsere erste Weghälfte der Via Lemovicensis von Vézelay nach Limoges im September 2024 mit ihren vielen schönen Erlebnissen und Pilgerbegegnungen. Dieser bereits im 12. Jahrhundert beschriebene französische "Premium-Jakobsweg" unterscheidet sich deutlich von unseren bisherigen Wegabschnitten von Hamburg bis Vézelay. Das macht sich vor allem in der wesentlich besseren Infrastruktur und den zahlreicheren Übernachtungsangeboten, aber bei auch den Pilger-bezogenen Sehenswürdigkeiten und ihrer Historie, bemerkbar. Primär als persönlicher Rückblick gedacht, enthält dieses Buch auch für andere Pilger - vor allem solche mit Hund - viele wertvolle Informationen und Hinweise zu Unterkünften, Kosten und Logistik.

Jakobspilgern mit Hund von der Ostsee nach Hause (und weiter zur Elbe) – auf dem Hanseatenweg und der Via Baltica von Travemünde nach Hamburg (Band 16, gegangen März 2025, 100 Seiten, 42 SW-Fotos, 17 Farbfotos, Books on Demand, ISBN: 9 783 759 796608, 11,99 € – als e-Book ISBN: 9 783759 3xxxxx, 5,59 €)

Nachdem wir 2021 und 2022 zwei Pilgerprojekte zu Hause in Sasel, einem nördlichen Stadtteil Hamburgs, begannen, geht es mir diesmal darum, zum Auftakt des Pilgerjahres 2025 **von der Ostsee <u>nach</u> Hause und weiter zur Elbe** zu pilgern. Mit von der Partie ist natürlich wie immer Kito. Kito ist Pinscher-Mix, knapp sechs Jahre jung und Pilger durch und durch. Nach vier Tagen kommen wir Zuhause an. Nach dem fünften erreichen wir die Elbe. Unterwegs erleben wir nicht nur herzliche Gastfreundschaft, sondern sehen auch viele eigentlich vertraute Dinge und Orte aus einer ganz anderen, ungewohnten Perspektive.

Vicelinweg mit Hund – Zu Fuß und mit Hund auf dem Fahrradpilgerweg rund um Neumünster (Band 17, gegangen April 2025, 91 Seiten, 46 SW-Fotos, 22 Farbfotos, Books on Demand, ISBN: 9 783 759 733306, 11,99 € – als e-Book ISBN: 9 783759 3xxxxx, 5,99 €)

Der Vicelinweg ist das kleinere und weniger bekannte Gegenstück zum Mönchsweg. Primär ist er wie dieser als Fahrradpilgerweg konzipiert. Aber mit nur 105 Kilometern Länge und den vier etwa gleichweit voneinander entfernten Orten Neumünster, Bordesholm, Preetz und Bornhöved ist dieser Rundweg auch für Fußpilger, selbst mit Hund, gut geeignet. Man sollte sich jedoch bewusst sein, dass bei einem Fahrradpilgerweg mehr Streckenabschnitte auf ruhigen Landstraßen mit und ohne Geh-/Radweg verlaufen als bei einem für Fußpilger konzipierten Weg. Richtig schön für uns waren vor allem die letzten jeweils 8-10 Kilometer der ersten drei Tage sowie der vierte Tag.

Für Fahrrad-Pilger ist dieser Rundweg eine wirklich feine Sache. Alle Streckensegmente sind sehr gut zu befahren, und mit einer Zwischenübernachtung in Preetz ist dieser Rundweg auch bequem in zwei Tagen zu schaffen, wobei dem Fahrrad-Pilger noch genügend Zeit bleibt, die schönen Kirchen und anderen Sehenswürdigkeiten entlang dieses Wegs zu besichtigen.

Die Infrastruktur ist erfreulich gut. Es gibt Einkaufsoptionen in Neumünster, Einfeld, Bordesholm, Preetz, Bornhöved und Trappenkamp. Für einen 105 Kilometer langen Weg in ländlicher Umgebung ist dies bemerkenswert gut.

Jakobspilgern mit Hund von Hamburg nach Santiago de Compostela (IV) – Teil 4: von Limoges nach Logroño – Via Lemovicensis / Voie de Vézelay, Camino Navarro & Camino Francés

(Band 18, gegangen April/Mai 2025, in Arbeit, Books on Demand, erscheint im Sommer 2025)

PILGERSTEMPEL AUF DIESEM WEG

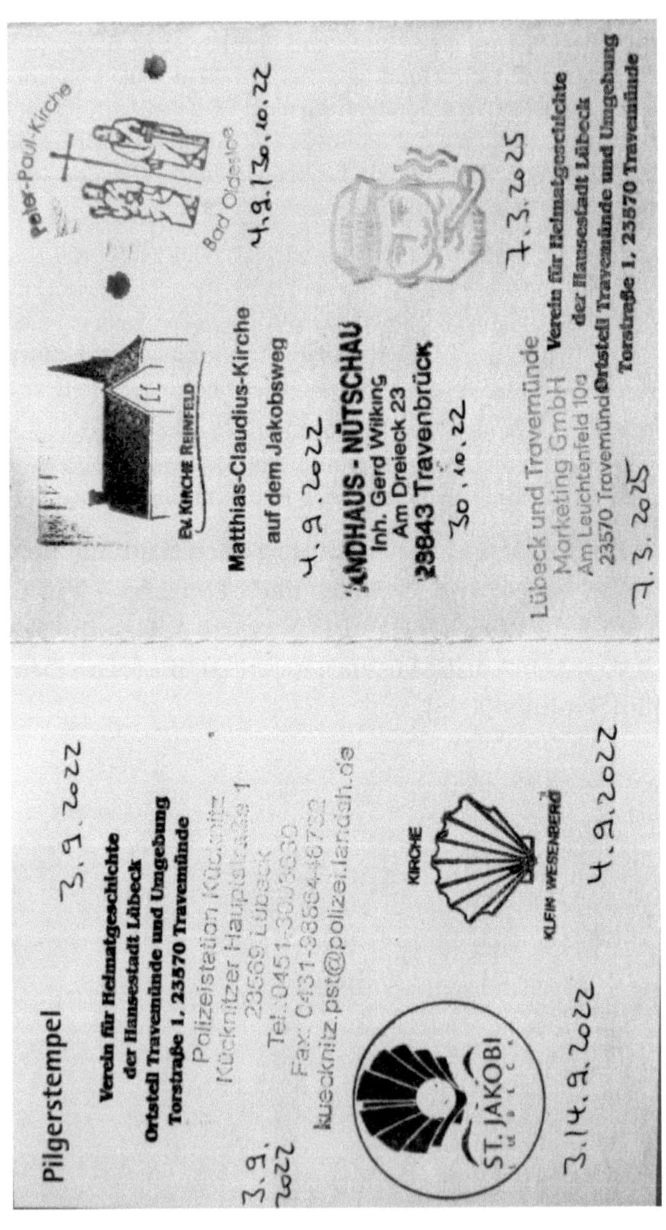

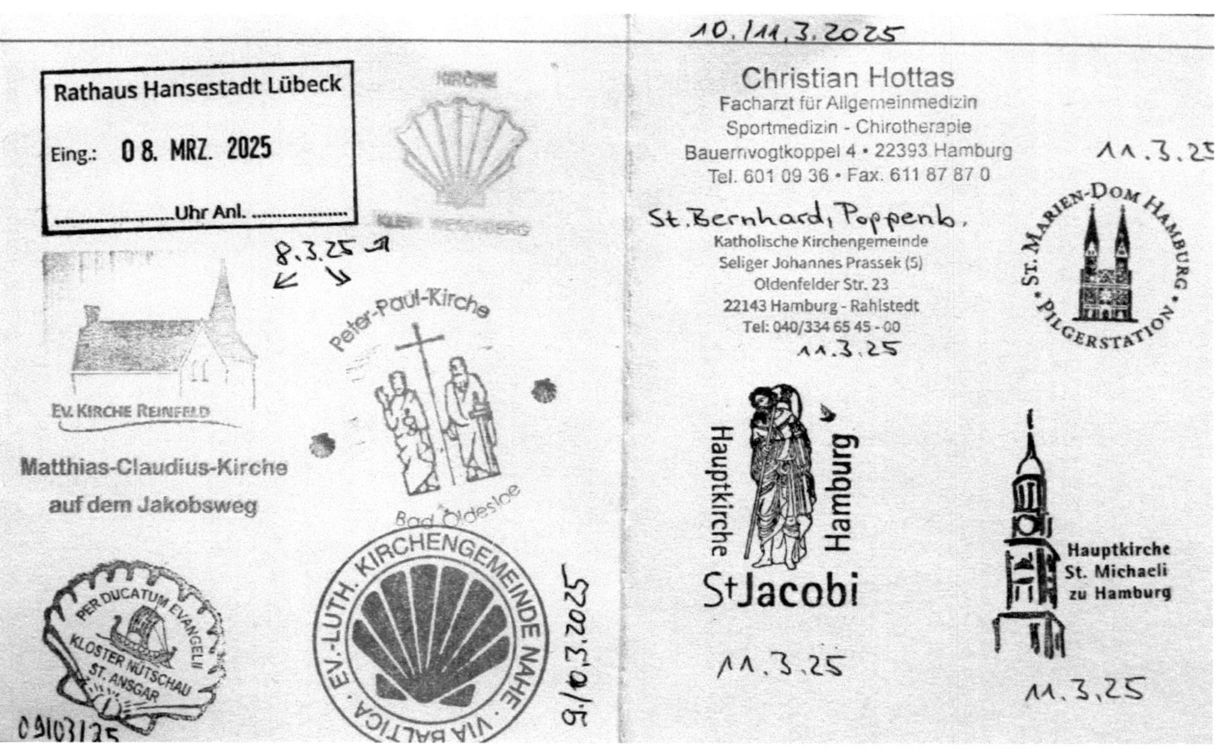

Rathaus Hansestadt Lübeck
Eing.: 0 8. MRZ. 2025
..............Uhr Anl. ....
8.3.25
Ev. Kirche Reinfeld
Matthias-Claudius-Kirche
auf dem Jakobsweg
Peter-Paul-Kirche
Bad Oldesloe
PER DUCATUM EVANGELII
KLOSTER NÜTSCHAU
ST. ANSGAR
0910325
EV.-LUTH. KIRCHENGEMEINDE NAHE • VIA BALTICA
9/10.3.2025
10. /11.3.2025
Christian Hottas
Facharzt für Allgemeinmedizin
Sportmedizin - Chirotherapie
Bauernvogtkoppel 4 • 22393 Hamburg
Tel. 601 09 36 • Fax. 611 87 87 0
St. Bernhard, Poppenb.
Katholische Kirchengemeinde
Seliger Johannes Prassek (5)
Oldenfelder Str. 23
22143 Hamburg - Rahlstedt
Tel: 040/334 65 45 - 00
11.3.25
ST. MARIEN-DOM HAMBURG • PILGERSTATION
11.3.25
Hauptkirche St. Jacobi Hamburg
11.3.25
Hauptkirche St. Michaeli zu Hamburg
11.3.25